もし
アドラーが
上司
だったら

小倉 広

プレジデント社

目次

プロローグ

ドラさん、皇居に現れる

早朝の七時半、銀杏が黄色く染まり始めた皇居周辺では、既にたくさんのランナーがジョギングを楽しんでいた。

彼らにまじってお堀の縁を一周五キロ走ってから、シャワーを浴びて会社へ向かう自分がボクは好きだ。なんだかニューヨークのビジネスエリートになったかのような気分がするからだ。

睡眠時間が短くなることとランステーションの毎月の出費は少し痛いけれど、この気分が手に入るなら安いものだ。

もうすぐ三十歳。そろそろカッコイイ大人になりたい、と思っているボクにとって、この投資は十分にトゥー　ペイ、元は取れていると思っている。

桜田門を抜けて内堀通りに入り二重橋前へ。さあ、もうすぐゴールだ。ランステに立ち寄ってシャワーを浴び、スーツに着替えてから出勤だ。と、思っていると、目の前に、いつもは見かけない男の背中が見えた。

その男は、不思議なことにスーツを着たまま革靴でドカドカと走っている。さぞや走りにくかろう。後ろ姿は、見るからに小さく丸い。おそらく身長は百五十センチに満たないだろう。しかも太っていて、ほぼ三頭身。その姿はまるで、アニメに出てくるあの猫型ロボット「○○えもん」にそっくりに見えた。

靴音ばかりが大きくてスピードが遅い彼をボクは仕方なく追い抜くことにした。どんな顔をしているのだろう？　興味本位からボクが追い抜きざまに振り向くと、ばっちり目が合ってしまった。

年齢は四十歳前後だろうか。昭和初期風の小さな丸眼鏡をかけ、真ん中分けの髪はポマードでべったりとなでつけられている。

その男は汗をダラダラとかきながらも、なぜか目をクリクリとさせて余裕を見せるように笑い、右手を挙げて「ハーイ！」と挨拶をした。

ハァ？　外国人か？　見た目はどう見ても純和風の日本人なんだけどなぁ。

ボクはとまどいながら「ハ、ハーイ？」と相手に合わせて英語風の発音で返した。

すると突然、彼は「ストップ！」と叫んだ。いったい何ごとか。ボクは急ブレーキをかけて立ち止まった。

その男は、苦しそうに肩で息をしながらも、あたかも「ボク、疲れてなんかいないもん」とでも言わんばかりに、満面の笑みをつくってこう言った。

「はぁ、はぁ。やあ、よろしく。はぁ、はぁ。ボクはドラ。キミは？」

ちょっと待ってくれ。ドラ、だって？　もしかして、あなたは本物の〇〇えもんなのか？　頭が混乱してきたぞ。え、と……。するとその男は追い打ちをかけるように言った。

「キミのこと、何と呼んだらいいのかな？　はぁ、はぁ」

そして、ぴょこんと首を傾ける。まるで江戸時代のからくり人形みたいだ。

「え、はい。リョ、リョウと呼んで下さい。友だちはみんなそう呼びます」

「はぁ、はぁ。やあ、リョウ君。よろしくね。ちなみに、ボクのことはドラと呼んでね」

と右手を差し出してきた。あ、握手か。本当に外国人みたいだな。

握手に慣れていないボクは、ぎこちなくその手を握った。その男の手は、指が短く手の平が丸かった。そして、汗でしっとりと湿っていて、とても柔らかだった。

「ところで、キミは、この後、会社へ行くのかい？　どうやって着替えるの？　まさかキミ、皇居に住んでいるお公家様というわけじゃないよね？」

ははぁ。そういうことか。どうやら、このドラさんとやらも普通の人間らしい。好き好んでスーツで走っているわけじゃなかったのか。ボクは着替えとシャワーに使っているランステーションのことを紹介した。すると、

「そこに連れてってくれないかな？　ボクも即、入会するよ。ボクだって汗だくのスーツで毎日出社などしたくないからね。これでキミとボクは友だちだね。さぁ行こう」

先ほど出会ってからまだ三分も経っていないだろう。なのに、ボクはいつの間にか、ドラさんと友だちになっていた。しかし、なんと人なつっこく、そして図々しい、いや、行動力のある人だろうか。走りたいと思えば、スーツのまま革靴で、人目も気に

せず汗だくで走る。こんなタイプの人が今まで周囲にいただろうか……。

そんなことを考えながらボクは彼を案内し、受付カウンターで別れた。

シャワーを浴びて着替えを済ませたボクは一人オフィスへと急いだ。ドラさんという変なおじさんに捕まったお陰で予定より三十分も余分に時間を食ってしまったからだ。

遅刻ギリギリでタイムカードを押し、急いで席へと向かう。どうやらボクが一番遅い出社のようだ。あまりよろしくない一日のスタートだ。

「おはようございます！」

とりあえず大きな声でみんなへ挨拶をしてから席に座り、早速パソコンのスイッチを入れる。

ん？　何かが変だぞ。いつもと風景が違うような気がする。ボクは所属する広告営業一課の七つのデスクで構成された島をぐるりと見渡してみた。すると。

本来は山本課長が座るはずのお誕生日席に見慣れない顔、いや、ちょっと待ってく

れ。さっき見たばかりの顔があるではないか。

あまりにも座高が低くてよく見えなかったのだが、まさしくあの男だ。

「ド、ドラさんじゃないですか！」

無意識に大きな声が出てしまった。

「おぉ、キミは我が友、リョウ君じゃないか！」

「ドラさん、なぜここに……」

「キミこそ、なぜ？」


そんなボクたちのやりとりを見ていたボクの上司、山本課長が口を開いた。

「なんだ！　二人とも初対面じゃないのか。そりゃあ話が早い。リョウ君、キミの新しい上司のドラさんだ。三年ぶりにアメリカ支社から戻っていらしたんだ」

クルリと踵《きびす》を返して続けた。

「ドラさん。我が一課期待の星、リョウ君です。以前、私にして下さったように、ぜひ遠慮なくビシビシと鍛えてやって下さい。リョウ君、キミは本当にラッキーだな。ドラさんが上司なんて。オレも課員に戻ってもう一度教えてもらいたいくらいだ。たくさん吸収しろよ」

どうやら、このドラさんがボクの新しい上司となるらしい。彼はちょこんと席に座り、ボクと山本課長を交互に見ながら目の玉をクリクリと動かし、ずっと無言で、しかし、とても楽しそうに笑っていた。

何だか慌ただしい一日になりそうな予感がした。


課会が始まった。当然ながら新課長のドラさんのスピーチからすべては始まる。

「ボクは上司ではなくキミたちの支援者だ。だから、命令はしたくない。その代わりにキミたちをできるだけ勇気づけたい」

「キミたちはクライアントの力になり貢献することができるはずだ。キミたちは仲間や会社の役に立つことができる。ボクはそう信じている」

汗をかきながら、ドラさんが一所懸命に話している。

ドラさんのスピーチは、これまでに聞いたことがないような力のあるものだった。

真剣に話に聞き入るボクに、営業事務のリカが耳打ちをした。

「リョウ、知っていた？　ドラさんの名前の由来って、本当はアニメの猫型ロボットじゃないんだって。ドラさんがアメリカの大学院で学んできた『アドラー心理学』に心酔して自分から『アドラー』の『ドラ』で呼んでくれって言い始めたんだって」

ケラケラと笑う。

「でも、どう見ても『○○えもん』だよね。『アドラーのドラ』だと思っているのは本人だけ。みぃんな『○○えもん』だと思っているらしいよ。それって、チョー受けるよねぇ」

「しーっ」

ボクはリカをさえぎった。ドラさんの名前の由来なんて、どっちでもいい。それよりもボクは彼の話をもっと聞きたい、と思い始めていた。

山本課長もドラさんに大きな影響を受けた、と言っていた。ボクが求めていたメンターが思わぬ形でやって来たのではなかろうか。

ボクはますますドラさんに興味を抱くようになっていた。

［コラム］

アドラー心理学と本書を構成する二つのキーワード

アルフレッド・アドラー（一八七〇年〜一九三七年）は今から百年ほど前、第一次世界大戦〜第二次世界大戦開戦直前の間に活躍した心理学者です。日本では長らく無名に近い存在でしたが、欧米ではジグムント・フロイト、カール・グスタフ・ユングと並び称される大家の一人です。

アドラー心理学を一言で語ることは極めて困難ですが、「勇気」と「共同体感覚」の二つが中核概念を占めることは疑いがないでしょう。なぜならば、人をタイプ別に類型化することを否定していたアドラー自身が唯一残した分類がこの二つに強く関連しているからです。

本書はアドラーが残したこの二軸「勇気」と「共同体感覚」の二つを構成の基軸とし、関連するその他のキーワードを交えつつ物語を展開して参ります。本書の理解と実践を通じて私たちが目指す姿はアドラーが語った「有益な人」です。さあ、物語を読み進めて参りましょう。

■図1　アドラーが提示した類型論（国際個人心理学ジャーナル, 1933年より）

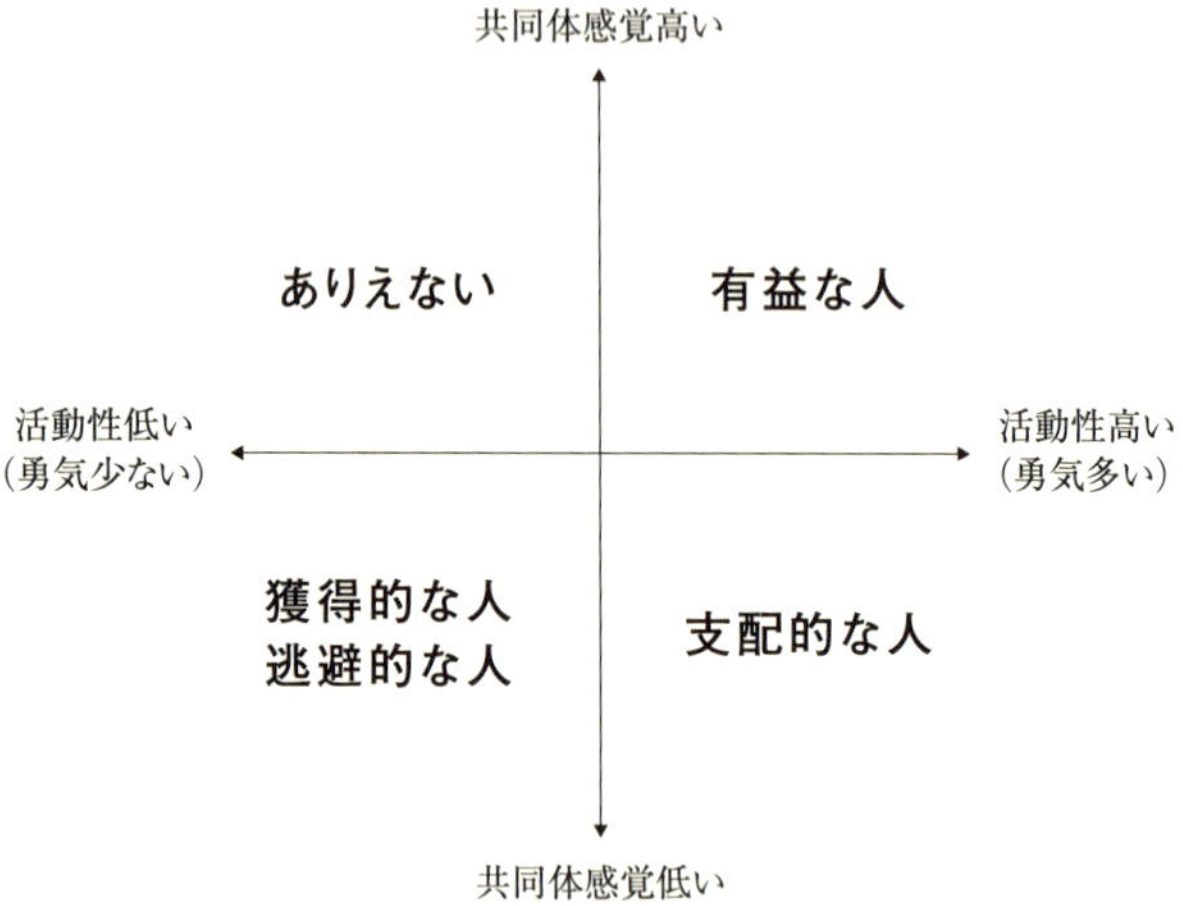

*「人々をこれらの四つのタイプにグループ分けをするときに、私のガイドになる原理は（1）社会的統合への彼らの接近の度合い、（2）その接近の度合いを彼らが一番達成しやすいと見なす仕方で維持するために彼らが（多かれ少なかれ活動しつつ）発展させる運動の形態、である」（アドラー）

出典：『現代アドラー心理学』G.J.マナスター+R.J.コルシーニ著（春秋社）、『アドラー心理学入門』ロバート・W.ランディン著（一光社）を基に筆者が一部改編を加えた。

第一章

自分を追い込んでも、やる気が続かないんです

［ドラさんの宿題］

「できているところ」に注目する。「できていないところ」は注目しない

「はぁー。今日も寝坊をしてジョギングをサボってしまった。ボクはなんて意志が弱いんだ……」

遅刻ギリギリで席へ駆け込んだボクは大きくため息をついた。

課長席ではドラさんがランニング・キャップをデスクの角にぶら下げている。おそらく、今朝も皇居を走ってから出社したのだろう。さすがはアメリカ帰りのエリートだ。

そういえば、ドラさんはアドラー心理学大学院を卒業しているらしい。アメリカの大学院は徹夜を重ねなければ卒業できない厳しい世界だ、と聞いたことがある。強い意志を持っているに違いない。

それに比べてどうだ。ボクは早起きとジョギングでさえ続かない。

「このままじゃダメだ。イケてる大人になれないぞ!」

ボクは自分に喝を入れた。すると、ボクの様子をニヤニヤと笑って見ていたドラさんが口を開いた。

「リョウ君。どうしたのかね？　朝から大きなため息をついて。もしかしたら、キミは自分を責めているのではないかな？」

図星をつかれてドキッとした。なぜ、わかるのだろう。

「はい。今日もボクはジョギングをできませんでした。一方、ドラさんはきちんと走っていらっしゃる。ボクは自分が情けないんです」

「なるほど。それで自分を責めた、というわけか。『このままじゃダメだ』そうやって自分に喝を入れたんだね。どうだい、ビンゴ！　だろ？」

ドラさんは、ボクに向かって拳銃の引き金を引く仕草をした。

「ビンゴ！　バーン！　はははははは！」


「ふ、古い。あまりに古すぎる……」

ドラさんがアメリカにいた間に日本のギャグは進化している。どうやら、それをご存知ないようだ。ドラさんは、続けて大きなマグカップからずずず、とコーヒーをすすった。カップには○○マウスのキャラクターが描かれている。

よく見るとネクタイも。どうやらドラさんは、顔に似合わず、夢の国のキャラクターがお好きらしい。

しかし、自分を責め、喝を入れることのどこが悪いというのだ。ボクは反論せずにはいられなかった。

「ドラさん。自分を追い込んでどこが悪いのですか？　毎日のジョギングさえもできない自分を許していたら、ますます自分がダメになっていくじゃないですか。現状否定をするからこそ進歩がある。現状に甘んじていいわけがないじゃないですか！」

「果たして、本当に、そうかな？」

ドラさんは大きな瞳をクリクリと左右に動かした。

「キミは今朝、早起きができずジョギングをサボってしまった。これは客観的な事実だ。しかし、キミの主観には二つの選択肢がある。そのいずれを選ぶかはキミ次第だ」

「一つ目の方法は、『できていない』ところに注目してダメな自分を責めることだ。アドラー心理学ではこれを『負の注目』と呼ぶ。『このままじゃいけない。自分はダメな人間だ』心の中で独り言をつぶやく」

ドラさんの話にボクは大きくうなずいた。

その通り。いつものボクのパターンだ。

では、もう一つのパターンとは何だろう?


ドラさんはベストの胸ポケットに五本も刺さっているペンのうちの一本を抜き出し、クルクルと回しながら続けた。

「もう一つの方法は『できていること』に注目することだ。『できていないこと』ではなく『できていること』に注目して自分を認めるんだ。これを『正の注目』と呼ぶ。頑張っているなぁ、オレ。そうやって自分を勇気づけ、心にガソリンを入れるのさ」


「できていることを見る……。ですか」

はぁー。ボクは再びため息をついた。

それができれば苦労はしないよ。「できていない」から困っているのだ。

ドラさんの言うアドラー心理学とやらは、意志が強い「できている人」だけに向けた心理学かもしれないぞ。ボクのようなダメな人間には向いていないや。ボクは心の中でそうつぶやいた。

「そう！　リョウ君。キミは今でさえ、こんなにも『できている』じゃないか！　なぜ、ほんのわずかな『できていない』ことにばかり注目するのかね？」

「ボ、ボクのどこがいったいできているというのですか？　今朝も寝坊してジョギングをサボったし、おとといだって……。今週なんて、結局平日五日間のうち、二日間しか走ることができなかったんですよ」

「週のうちの二日間？　ビンゴ！　それだよ！　それ！　まさにそれだ！」

ボクはドラさんの言葉の内容にも驚いたが、またもや古いジェスチャーに驚いた。なんとドラさんは「ビンゴ！」と叫びながらウインクをして見せたのだ。

「昭和か！」ボクは心の中で突っ込みを入れた。

「大切なことなので、もう一度言うよ。キミはとっても『できている』じゃないか！　キミは、なんと一週間のうち二日間も走ったんだぞ。それはすごいことだよ。だって、キミは半年前に走り始めるまで、十年以上もジョギングなど一度もしたことがなかった、と言っていたよね。それが週に二日も早起きしてジョギングして、そのうえ、きちんと仕事までこなしている。なぜ、その『できていること』に注目しないんだね？」

「はぁ〜？　週にたったの二日だけで『できている』ですって？　そんなに甘っちょろいことでいいんですか？　それごときで満足していたら、ダメ人間になってしまうじゃないですか？」

いったい、なんてことを言い出すんだ？　もしかしたらボクがあまりにもレベルが低いので「おだてる」という作戦に出たのかもしれない。

「なるほど、おもしろい。リョウ君、キミはこう思っているんだね。『人は現状に満足すると歩みを止めてしまう』と。本当にそう思うのかね？」

「もちろんです」

「では、質問しよう。キミの人生の中で『自分は進歩したなぁ』と思える体験を一つ、思い出してくれたまえ」

うーん。進歩を実感したことかぁ。残念ながら仕事ではあまり思い出せないなぁ。

そういえば、一つだけあるぞ。我が社がインターネット広告の新商品を開発したときに、一斉に新規開拓営業の電話をかけたことがある。

最初はうまくアポイントが取れなかったけれど、トークを工夫したり、話し声の抑揚をつけたり、電話をかける相手を宣伝部ではなく営業部へと変えてみたり、工夫をしたら手応えが変わってきた。

そうこうするうちに、次々とアポイントが取れて売上もあがったのを覚えている。

そのときのボクは確実に進歩していた。もう三年近く前になるのだけれど。

ボクはおずおずと自分の体験をドラさんに話してみた。


「そうそう！　それそれ！」

ドラさんはまたもや大げさにボクを指さした。

「そのときのことを思い出してくれよ。いいかい。リョウ君。キミはそのとき、次々とアポイントが取れて『できている自分』に注目していた。どんな気分だったかい？」

「もちろん、最高の気分です」

「自分のこと、どう思った？」

「やればできるじゃん！　自分ってけっこう才能あるかも。そう思いました」

「うんうん。それで？　『もうやーめた。現状維持でいいや』と思ったかい？　それとも『よーし、もっとやるぞ！　もっとできるぞ！』と思ったかい？　どっちだった？」

ボクはハッと気づいた。そのときのボクは確実にイケイケだった。

「よーし、もっとやるぞ！　まだまだイケる！」

そんな気分だった。

決して現状に満足して手を止めたりしなかった。満足すればするほど「もっと、もっと」とさらに上を目指したのだ。

驚くボクの表情を見て、ドラさんはしてやったり！　と満面のドヤ顔だった。得意げな声が聞こえてくるようだ。そして、片肘をついてニヤニヤとこちらを眺めている。

「いいかい、リョウ君。人はね、『自分には能力がある。自分には価値がある』そう思えたとき、つまり困難を克服する活力『勇気』で満たされると、放っておいても『もっと、もっと』とさらなる優越を目指すんだ。決して『このあたりでやめておこう。現状維持でいいや』とはならないんだよ」

「例えは悪いが『豚もおだてりゃ木に登る』だ。きれいな言葉を使うなら『ゾーン体験』や『フロー状態』と言ってもいいだろう」

たしかにそうかもしれない。

人は成功体験を積み自信を身につけると「もっと良くなろう、頑張ろう」となるようだ。少なくとも自分はそうだった。


しかし、ちょっと待てよ。

それって、きちんとした成果をあげたからこそ手にするエネルギーなのではなかろうか。

今回のボクのように、「わずか週に二日間だけジョギングをした」程度で、そんなに調子に乗ってはいけないのではないか。それでは、あまりにレベルが低すぎる。

危うくだまされるところだったぞ。危ない、危ない。

「リョウ君。アドラー心理学の『正の注目』は、『当たり前のこと』にも注目を与えるんだ。朝、会社に行く。歯を磨く。時間内に会社に着く。おはよう、と挨拶をする。

素晴らしいことじゃないか。すべて『できている』ことだらけだ」

「いいかい、リョウ君。人の行動の九十五パーセントは『できている』行動だ。しかし、ボクたちはたった五パーセントの『できていない』行動ばかりに注目して、『できている』九十五パーセントを無視してしまうんだ。それでは、エネルギーが湧くわけがない。やる気が起きなくて当然だ」

「だって、一日中『できていること』だらけなのに、それはすべて『当たり前』だから、と無視されて、ほんのわずかな『できていないこと』に注目をされてしまうんだよ。ボクだったらバカバカしくてやる気をなくしちゃうな。キミは自分に対してそれをしているんだよ。自分で自分のやる気をそいでいるのさ。ひどいことをしちゃっているよね」

ボクはガツンと脳天を殴られたような気がした。

ボクは自分で自分のやる気をそいでいた。できている九十五パーセントを無視して、できていない五パーセントばかりを気にして自分を責めていた。それでは、やる気が起きるわけはない。

たしかにその通りだ。しかし、そんなこと今まで一度も考えたこともなかった。

ドラさんって、すごい。アドラー心理学って何だかすごい。ボクはドラさんと出会ってからわずか二日目にして、既に人生最大の発見をしたような気がしていた。

「ドラさん、ありがとうございます！　目からウロコが百枚くらい落ちました！」

深々と頭を下げた後にドラさんの顔を見ようとすると。

え？　いない！　どこに？

ドラさんはなんと乳酸菌ドリンクを売りに来たおばちゃんのワゴンに突撃して牛乳プリンを二つ両手に握りしめていた。

「さっきの話の説得力が一気になくなったわ……」

ボクががっかりしていると、ドラさんは遠くの通路から大声で怒鳴った。

「いいか？『できているところ』だけに注目するんだ。『できていない』ところに注目するのをやめるんだ！　それがリョウ君の宿題だ！　わかったかい？」

［ドラさんの宿題］

「できているところ」に注目する。「できていないところ」は注目しない

「勇気」の有無と「有益」「無益」の関係について

アドラー心理学は別名「勇気の心理学」とも呼ばれています。人は勇気があれば困難を克服しようと、努力や学習、協調など「有益」な行動を選択し、勇気が欠乏すると、困難から逃げ出して、より安易な道、他者への攻撃や他者のせいにする言い訳、さらには人間関係や困難からの逃避など「無益」な行動を選択する、と考えるのです。

アドラー自身の体験に基づく勇気に関する重要な言葉が二つあります。「私は自分に価値があると思えるときにだけ勇気を持つことができる」「そして、私に価値があると思えるのは、私の行動が周囲の人たちにとって役に立っていると思えるときだけである」。この二つをつなげると以下のような意味になるでしょう。「人は周囲の人々へ貢献できていると実感したときに、自分には価値があると実感し、勇気を持てる」

詳細は後述に譲りますが「周囲の人々へ貢献したい」との考えや行動は、すなわち「共同体感覚」そのものです。つまり「勇気」と「共同体感覚」はそれぞれに独立したキーワードの二軸であると共に、相互依存関係にもあるのです。本書では、後々、主人公のリョウ君がこのことに気づいていきます。人の成長は「勇気」から始まります。さて、果たしてリョウ君は勇気を持つことができるようになるのでしょうか。

第二章

失敗から目をそらすなんて、できません

［**ドラさんの宿題**］

多面的に意味づけて見る。ポジティブな面に注目する

「あぁ今日も寝坊をして皇居ランをサボっちゃった。今頃、意志の強いドラさんはきっと走っているんだろうなぁ。ランステーションの月会費もムダ払いだよ……」

満員電車の窓から外の景色を眺めながらボクはそんなことを考えていた。

そして、ハッと気がついた。両手に牛乳プリンを握りしめたドラさんの顔が頭に浮かんできたのだ。

「リョウ君。できていないところに注目せず、できているところに注目するんだ」

そうだった。危ない、危ない。

今日だって遅刻せず会社に来ているじゃないか。きちんと歯磨きもしたぞ。朝一番でお客さんにメールの返信もできた。スーツのズボンにも折り目がついているぞ。

できていることのほうがたくさんあるじゃないか。

そんな風にできていることを数えているうちに、ボクは気分がぐっと上向きになるのを感じた。

ボクはこれまで、自分を責めてばかりいた。それこそが自分のやる気を高める唯一の方法だと思っていたからだ。

でも、それはとてつもないムダであったようだ。自分のやる気を奪いながら、やる気を出そうとしていたのだ。

ボクがしていたことはブレーキを思いっきり踏みながら、アクセルをふかしていたようなものだ。こんなことをしていては、車、すなわちボク自身が壊れてしまうかもしれない。

ふぅう。良かった。ドラさんに出会ってまだたったの二日間だが、とてつもなく大きなことを教えてもらったような気がするぞ。

「どう？　リョウ君。宿題やっている？」

オフィスに着き、デスクに座ろうとするボクにドラさんがウインクをしながら右手の親指を立てた。

「古《ふる》！」

ボクは心の中で突っ込みを入れながら「はい」と返事をした。

ドラさんは、満面の笑顔で何度もうなずきながら、今度は両手の親指をゆっくりと順番に立てる。よほどこのポーズがお気に入りらしい。

ボクは「意地でもサムズアップをしないぞ」と決意しながら、ぎこちない笑顔で返した。と、そこへ営業事務のリカの声が飛んだ。

「リョウ！　ロイヤル自動車のセコ課長から電話！　何だかえらくとげとげしい声だよ。相当急いでいるみたい」

悪い予感がした。ボクは点滅しているボタンを押して電話に出た。

「はい。え？　そ、それは本当ですか。も、申し訳ありません。はい。……はい。本当に申し訳ありませんでした。はい。申し訳ありません」

ボクは電話機に向かって深々とお辞儀をしながら、心臓が縮み上がるのを感じていた。

「リョウ、何かあったの？　大丈夫？」

リカが心配そうにのぞき込む。

「ボクが、ついうっかりしていたばっかりに……ドラさん。すみません。とんでもないミスをしてしまいました」

我が営業一課の主要クライアントであるロイヤル自動車から、インターネット広告の大型受注をいただいたのは先月のこと。

しかし、ボクはやらかしてしまった。セコ課長から要望されていた広告制作のポイントをクリエイティブ部門に伝えるのを忘れていたのだ。

だから、できあがった広告はセコさんの要望とは全然違うものになってしまった。

「いったいおまえたちの会社はどうなっているんだ？　今からつくり直したら間に合わないよ！　もういい。今回の仕事はキャンセル。他の代理店に頼むから。二度と来なくていい」

ボクはドラさんに経緯をお伝えし、もう一度深々と頭を下げた。このキャンセルでボク個人だけでなく、一課、いや会社全体の数字に大きな穴があいてしまうことになる。

それだけではない。先輩たちが代々実績と信頼を築き上げてきた我が社のビッグクライアントから出入禁止を申し渡されてしまったのだ。これは、全社的に考えても、一大事だ。

ボクは心臓だけでなく胃袋までもが縮み上がるのを感じていた。

ボクはドラさんの前で長々と下げていた頭を恐る恐る上げてみた。いくら優しいドラさんでも怒っているに違いない。

しかし、予想に反してドラさんはニコニコと笑っていた。ボクは驚いた。

ドラさんは、ボクのカバンを手に持ってボクにつきつけながらこう言った。

「さあ、リョウ君。もたもたしている暇はないぞ。一緒に出発だ。ピンチはチャンス。そういえば、セコさん、課長になったんだね。帰任の挨拶に行かなくちゃいけないと思っていたから、ちょうど良かったな。お祝いの言葉も言わなくちゃ。さぁ、行くぞ！」

それから二時間後。ドラさんとボクはクレーム対応を終えて、会社の近くで一緒にランチを食べていた。

今回はドラさんのお陰で何とか出入禁止を免れることができた。

ドラさんがまだ営業マンだった頃、セコさんも新人の宣伝マンだったらしい。

深刻な表情で深々と頭を下げるボクの隣で、二人はお構いなしに満面の笑顔で抱き合っていたのだ。セコ課長の声が弾んでいる。

「ドラさん！　ドラさんじゃないですか！　懐かしいなぁ！　アメリカから帰ってきたんですね。また、二人で新橋の赤提灯に行きましょうよ！」

お陰で何とか最悪の結末だけは逃れることができた。

しかし、キャンセルになった売上は戻らない。すっかり落ち込んだボクを見ていたドラさんの目が光ったように感じた。

「リョウ君。もう、宿題を忘れたのかい？『できていないところではなく、できているところに注目する』だっただろう。覚えてる？」

ずるずるとチャーシュー麺をすすりながらドラさんはそう言った。

額に玉のような汗がいくつも浮かび、昭和初期の文豪のような小さな丸眼鏡は曇っている。

「でも。今回のような大失態に目をつぶるわけにはいきません。否が応でも『失敗』という言葉が頭に浮かんできてしまいます。頭から追い出すことなんて不可能です」

「ほぉ、リョウ君は今回のことを『失敗』だと思っているんだね」

「当たり前じゃないですか。これが失敗でなくて、何だと言うんですか」

「ボクはそうは思わないよ。ボクはね、これはキミにとっての素晴らしい『経験』だと思うんだよ。良かったじゃないか！　これでキミはミスの重大さに気づき、セコさんの気持ちがよぉくわかった。それもこれもこの経験のお陰じゃないか！　良かったね！」


ドラさんは何ということを言い出すのだろう。しかし、ドラさんの言葉をもう一度噛みしめて考えてみると、それも一理あるな、と感じ始めた。

そして、同時に心がふっと軽くなっているのを感じた。

「失敗ではなく経験、か。そういう考え方もできるなぁ」

そう思いかけたが、いやいや、そんなごまかしをしてはいけない。それはちょっと無理がある。事実をねじ曲げてはいけないぞ、と生真面目なボクの一面がむくむくと起き上がってくるのを感じた。

「リョウ君。何か思うところがあるみたいだね。キミは本当に心の中が全部表情に表れるねぇ」

ドラさんがニヤニヤしながら言った。どうやらボクはラーメンを箸でつまみあげたまま、しかめっ面で考え込んでしまっていたようだ。お恥ずかしい。

ボクは麺をすすって、一息ついてから答えた。

「ドラさん。それはちょっとこじつけがすぎるんじゃないですか?」

「ほぉ。キミはこじつけ、だと思っているんだね。事実ではない、と」

「はい。そう思います。無理矢理すぎます」

「リョウ君。キミは円錐って知っているかい?」

「はい。小学生のときに習いました。底が円になっていて、上に行くほど細くなって、てっぺんが針の先のように尖っている、あの形ですね」

「その通り。では、質問するよ。円錐を真横から見たらどんな形かね?」

「三角です」

「ビンゴ!」

ドラさんはまたウインクをした。ボクはもう気にしないことにした。

「では、円錐を持ち上げて底のほうから見たらどんな形？」

「え、っと。はい。円です」

「ご名答！」


あっ。そういうことか。ボクは気がついた。

と同時に、自分が膝を叩いていることにも気がついた。ボクのリアクションも結構古い。ドラさんのことをバカにできないぞ。

「リョウ君。気づいたようだね。円錐は、横から見ると三角。でも、底から見ると円。じゃあ、どっちが本当でどっちがニセモノかな？　そう。両方本当だよね」

そうか。「失敗」も本当だけど「経験」も本当だ。

そして、そのどちらに注目を与えるかはボクが決めることができる。

「失敗」に目をつぶるのではなく、「失敗」を見つめる時間を減らせばいい。その分「経験」という面に注目する時間を増やすんだ。

そのほうがはるかにエネルギーが高まる。挽回するエネルギーが湧いてくる。そう

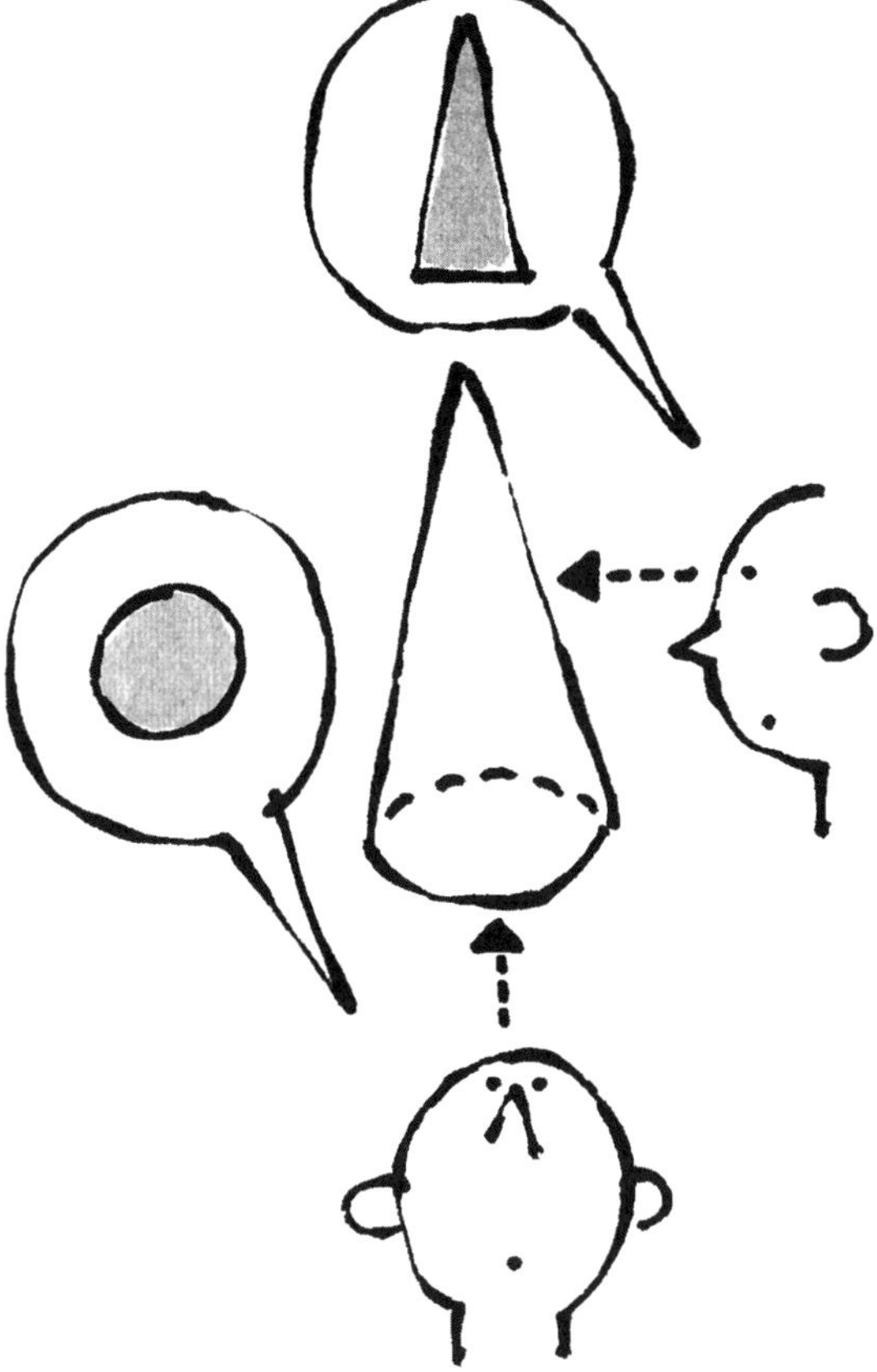

いうことか。

「ドラさん、わかりました！　今回の件は『失敗』という面もあるけれど『経験』という面もある。どちらも本当です。『経験』は、こじつけなんかじゃない。そして、どちらにより注目を与えるかはボクが決めることができる。『豚もおだてりゃ木に登る』でしたね」

「そう。その通りだ。よく覚えていたね、リョウ君。人が困難という上り坂を登るには心のガソリンが必要だ。それをアドラー心理学では『勇気』と呼ぶ。困難を克服する活力、心のガソリンが勇気だ」

「もし、キミが今回の件で『失敗』という面ばかりに注目をすればするほど、心のガソリン、勇気は減っていくだろう。その結果、キミの挽回するエネルギーが奪われていく」

「しかし、キミがきちんと『経験』という側面に注目を与えれば心のガソリン、勇気は増えていく。つまり、挽回するエネルギーが高まるに違いない。さあ、キミがしたいのはどっちだい？」

ボクが前回ドラさんから学んだのは「できているところ」に注目する、ということだった。今回のロイヤル自動車のトラブルには「できているところ」なんてない、とボクは思っていた。

でも、そんなときは、別の面から見れば「できているところ」が見つかる、ということをボクは学んだ。円錐の横から見るだけでなく底から見る。そんな風に「多面的」に見れば必ず「できているところ」は見つかるだろう。

そうしたら、そこをずっと見つめればいい。「できていないところ」に注目を与えるクセを変えていけばいいんだ。

ボクは、パシッともう一度膝を叩いて思わず叫んだ。

「ドラさん！　わかりました！　ボクはロイヤル自動車さんでのミス、という、素晴らしい『経験』をできたんですね！」

しかし、ふと見るとドラさんは席にいなかった。え？　どこに？

と、厨房の入り口で白いコック帽を被った中国人らしき調理師とドラさんが笑顔で抱き合っているのが目に入った。
ドラさんはなにやら中国語らしき言葉をぺらぺらとしゃべっている。そして調理師から小皿を手渡されると分厚く切った脂身たっぷりのチャーシューをぱくぱくと食べ始めた。二人ともに満面の笑顔だ。

「おーい、リョウ君。この店に来たら、ラーメンではなくチャーシュー麺を頼むんだぞ。チャーシューはダイエットの敵とも言えるが、別な面から見れば、心の健康には最高だ」
「いいかい。『多面的』にものごとを意味づけて見るんだ。そしてポジティブな面に注目するんだ。わかったかい！　チャーシュー麺だぞ！」

［ドラさんの宿題］

多面的に意味づけて見る。ポジティブな面に注目する

［コラム］

リフレーミングで多面的に意味づける

現在、うつ病に対するカウンセリングの主流の一つになっているのが認知行動療法です。この手法の理論的バックグラウンドを確立した一人にアルバート・エリスという心理学者がいます。彼はアドラーの影響を強く受け、北米アドラー心理学会員でもあります。

本章でドラさんがリョウ君に伝授した「多面的に意味づける」という技法は一般にリフレーミング Re-framing（認知の枠組み〈Frame〉を再び〈Re〉設定するという意味）と呼ばれ、エリスが提唱したＡＢＣ理論の流れを汲んでいると考えられています。エリスは「できごと（Activating event）」は一人ひとり異なるそれぞれの「信念（Belief）」に基づいた「認知（Cognition）」により規定されると考えました。そこで、「無益」な感情や行動を変えるには「できごと」をではなく「非合理的な信念（Irrational Belief）」を合理的（Rational）なものに書き換えることが必要だ、と考えました。その手法が今回ご紹介したリフレーミングというわけです。

もっともこの考え方はアドラー心理学の中核概念そのものと言えるでしょう。ですから、エリスやさらにはアーロン・ベックなどが体系化した認知行動療法は、アドラーの考え方を使いやすくパッケージに仕立てたものである、と言えるかもしれません。

第三章

カラ元気を出すのに疲れちゃいました……

［**ドラさんの宿題**］
無理矢理ポジティブに考えない。ネガティブな自分も、ただ見る

「はぁ……。今日も電車の混み方が尋常じゃない。あー、憂うつだなぁ」

電車の中でため息をついた瞬間に、ドラさんから出された二つ目の宿題、多面的に見るリフレーミングを思い出した。ボクは素早く自分に言い聞かせることにした。

「うんざりなんかしていないぞ！　ボクは最高にハッピーだ。なにしろ電車の中は考え事ができる最高の時間だからな。本だって読めるぞ。なんて幸せなんだ！」

そう考えた瞬間に、またもや良からぬ気持ちがむくむくと湧いてきた。


「おいおい。満員電車が最高なわけねぇだろ。最悪に決まっているじゃん……」

しかし、ボクはその気持ちをもう一回大急ぎで書き換えることにした。

まずは多面的に見る。そのうちポジティブなものに注目する。ドラさんはそう言っていたじゃないか。

「最悪なんて考えは間違っている。ボクはハッピーだ！　今日は幸せな一日だ！　通勤時間は最高だ！」

はぁ。しかし無理があるよなぁ。たしかに本を読めるのは本当だけど。多面的に意味づければ真実だけど。

それよりも、不快でしんどいほうが断然勝っている。本を読む気になんてなれないよ。何だかボクは自分に嘘をついているような気がして仕方がなかった。

ふと目線を下に向けると、足下にドラさんがいるのが目に入った。

身長が百五十センチにも満たないドラさんは、満員電車の中で完全に人波に埋没していた。他の乗客の胸や腹あたりに頭がある。これは辛くて不快だろうな、そう思った瞬間に、ドラさんがつぶやいたのをボクは聞き逃さなかった。


「はぁ~。満員電車、さ・い・あ・く！　最悪ぅ」


ボクは自分の耳を疑った。

「え！『最悪！』だって？　ドラさん、ボクにネガティブなこと言うな、って言っていたじゃないか。それなのに。これまでの話は嘘だったのか」

ボクはドラさんを尊敬していたのがバカらしくなった。

この人もしょせんその程度だったのか。ボクは空気が抜けた風船のような気分になった。

電車がいつもの東京駅に着くと、ドラさんは、すし詰め列車からホームへと押し出された。

そして、目の前にボクがいるのを見つけるやいなや、すぐに軍隊の敬礼のポーズをして「おっす！」と大声で挨拶をした。これまたネタが古い。もう心の中で突っ込みを入れるのにも飽きたのでスルーしながら「おはようございます」と返した。しかし、ボクの言葉には少しトゲがあったかもしれない。

満面の笑みでボクを見つめるクリクリしたドラさんの瞳を見ながら、ボクの頭の中に「言行不一致」という言葉が浮かんだ。

「リーダーたる者、言っていることとやっていることが違ってはいけない」

そんな思いから、思わず攻撃的な言葉が突いて出てきた。

「ドラさん。ボク、聞こえたんです。さっき電車の中で『最悪ぅ』とつぶやいていませんでしたか」

「ドラさんはいつも『ネガティブに注目するのではなくポジティブに注目せよ』とおっしゃっていましたよね。それなのに、自分はネガティブな発言をしているじゃないですか。それでいいんですか？」

人であふれる駅のホームに立ち止まってボクは厳しくドラさんを問い詰めた。

ドラさんは通り過ぎる人に何度もぶつかられながら、それでもニコニコと笑い続けている。

「あ、すみません。こんなところでする話じゃなかったですね」

ボクたちはオフィスへ向けて歩きながら、話を続けることにした。

「リョウ君はすごいなぁ。あんなにギュウ詰めの満員電車の中で『最悪』ではなくポジティブになっていた、なんて。ボクなんて何度もつぶやいちゃったよ。『最悪』って」

「ドラさん。それでいいんですか？　それじゃあ言行不一致じゃないですか」

「え？　どこが？　ボクのどこが言行不一致なんだろう？　教えてくれないか？」

ドラさんは急に立ち止まった。

後ろを歩いていたサラリーマンがドスンとぶつかり、チッと舌打ちして通り過ぎた。

ドラさんは「失礼！」と陽気な声をかけ再び歩き始める。


「リョウ君。注目する、ってどういう意味か知っているかい？」

「知っていますよ。じっと見つめることでしょう」

「ビンゴ！」

いつものウインク。

「いいかい。ボクは注目をやめよう、と言ったんだ。見てはいけない、とは一言も言っていないだろう？」


う、うん。たしかにそうかもしれない。ボクは「注目」と「見る」を混同していたのかもしれない。

ドラさんは「ネガティブに注目せずポジティブに注目せよ」と言った。

しかし、ボクはそれを「ネガティブな面を見ずに目をつぶれ」と曲解してしまった

のかもしれない。

ドラさんは早足でちょこちょこと歩きながら続けた。終始笑顔だ。

「リョウ君とボクは満員電車で不快な思いをしていた。それは当然のことだ。そうして不快を感じたら、それをきちんと見る。でも、注目はしない。じっと見続けることはしないんだ」

「それよりも『さあ、この時間に何ができるかな？　考え事でもしようか、本でも読もうか』というポジティブな側面のほうに時間と心を傾ける。これは、ボクたちの意志でいかようにでも決められることだ。簡単ではないけれどね」

「そして、ここからが大切なところだ。いいかい、きちんと聞くんだよ」

ドラさんは右手の人差し指を立てて左右に振った。

「ネガティブな感情を押し殺してはいけない。なかったことにしてはいけない。『否認』『抑圧』『歪曲』せず、きちんとありのまま、そのままに見る。自分に正直であることはとても重要なことなんだよ。『あぁ、ボクは今、不快だな』とか『腹が立っている。むかついている』とか」

「それを見ないふりをしてはいけない。きちんと認めることが大切なんだ。『自己概念』と『自己体験』を一致させておく。これをカウンセリングの世界では『自己一致』といって重要な要素だと考えるんだ」

「ボクはこれ、カウンセリングの世界だけではなくて、一般的な心の健康のために、とても重要なことだと思っているんだ。アドラーに影響を受けたカール・ロジャーズという心理学者の言葉だよ」

「否認」「抑圧」「歪曲」か。たしかにボクはその三つをすべてやっていたような気がする。

「電車は不快ではない。最高だ」と「否認」し「抑圧」し「歪曲」していた。それはとても不自然だったし、何だか自分に嘘をついているようでモヤモヤしていたことを思い出した。

まさに心の健康が損なわれていた状況だろう。もしも、こんな風に自分を押し殺して、嘘をついて、本当の気持ちを閉じ込め続けたら病気になってしまいそうだ。

そうか。それはしてはいけない。ネガティブな心を解放してもいいんだな。

「ドラさん。よくわかりました。でも……。ネガティブな気持ちをただ『見る』けれども、じっと『注目』はしない。それが上手にできるかどうか、ちょっと自信がありません」

「今までのボクは、ついついネガティブな面にばかり『注目』をしていたからです。ネガティブに『注目』しないようにしてもついつい『注目』してしまった場合はどうすればいいんでしょうか。『いけない、いけない、注目してはいけないんだ』と言い聞かせればいいのでしょうか」

チッチッチ！

ドラさんは舌打ちをしながら右手の人差し指を立てて左右に振った。

「ノン、ノン、ノン！」

あれ、今度はフランス語か？

「リョウ君。『自己一致』をもう忘れたのかね。できていない自分を『否認』『抑圧』

『歪曲』せず、ありのままを認める、正直になることが大事だって言ったばかりだろう」

あっ、そうだった。では、どうすれば……。

「ただ見るんだ。一切の評価を交えずに『また、やっちゃってるな』ってね」

そう言って大げさにウインクをして見せた。たまたま隣を通りかかったOLさんが、それを見て驚いたような表情をしている。今どきウインクする人などいない。しかし、ドラさんは、驚くOLさんの存在に一切気づいていないようだ。

ただ見る。「あ、またやっちゃっているな」ボクは声に出して言ってみた。少し、心が軽くなったような気がした。

ボクは復習するつもりで、一歩歩くごとに一つずつ言葉を口に出してみた。

「はぁ。満員電車、最悪だなぁ」

一歩踏み出す。

「あ、またネガティブな面に注目しちゃっている」

もう一歩。

「また。やっちゃってるな。まっ、いっか」

また一歩。

「満員電車はたしかに不快だ。でも、この時間をムダにしたくないから有意義に使おう。本でも読もうか。考え事をしようか。時間を有意義に使うほうに注目をしてみよう」

ここで両足を揃えて軽くジャンプして、おしまいにした。

何だか体と心が軽くなったような気がした。ワンセット声に出してみて、ボクは試験の結果を確かめるようにしてドラさんのほうをチラリと見た。

先生、合っていますか?

「ビンゴ！　バーン！」

ドラさんはウインクして、親指を立てて、ピストルを撃つ真似をした。良かった。正解のようだ。うん。この流れなら自然にできそうだぞ。まっ、いっか。そうつぶやけばいいんだもの。

ボクたちはオフィスに到着した。エレベーターを降りて営業一課のデスクへと向かう。

「おはようさん！」

フロアを歩きながら、挨拶をするドラさんは、席に着くやいなや、引き出しの中からマグカップを取り出してすぐにコーヒーマシンへと向かった。

ず、ずずずー。

ドラさんはいつもおばあちゃんが緑茶をすするようにコーヒーを飲む。

「あぁ、うまい。朝はやっぱりコーヒーやね。そして、お目覚めのスイーツを頬張れば、今日も最高の一日がスタートするっちゅうわけやね」

なぜか突然、関西弁になりながら、デスクの前に置いてある和菓子の箱に手を伸ばした。すると。

「え？　どうゆうこと？　リカちゃん、ここにあった栗まんじゅう、どこ行った？」

「お客様からいただいた和菓子ですね。昨晩、残業していたハヤシ君たちが『腹減ったぁ』って言いながら、むしゃむしゃ、食べてましたよ」

「え、えぇ、えー！　めっちゃ、楽しみにしてたのにぃ。く、栗まんじゅう。栗まんじゅう……」

子どもか！　ボクは心の中でドラさんにまたまた突っ込みを入れていた。ドラさんはちょこんとイスに座ったまま、うつむいてぶつぶつと独り言を言っている。

「ボクは今、むかついている。リーダーたる者、栗まんじゅう一つごときで怒ってはいけない。けど、仕方ない。ボクはイライラしてるんだから、ネガティブな自分を認めよう。むかつくことだって、あるよね。ボクだって人間だもの。しかし、はぁ……」

くっくっく。

笑いが込み上げてくるのをボクは必死に我慢した。

すると、突然ドラさんが弾けるように立ち上がって大声をあげた。

「よっしゃ！　ひと仕事片付けたら、昼休みに寿堂へ、おいしい栗まんじゅうを買いに行くぞぉ。よぉし、目標ができた！　めっちゃ、仕事やる気が湧いてきたぞぉ」

そして、ボクのほうを見て親指を立ててこう言った。

「リョウ君。ネガティブな感情を押し殺してはいけないぞ。無理矢理ポジティブなふりをしてはいけないぞ。自分がネガティブであることを見る。認める。そのうえで、ポジティブの側面のほうを長く見る。これが次の宿題だぞ。忘れるなよ！」

［ドラさんの宿題］

無理矢理ポジティブに考えない。ネガティブな自分も、ただ見る

自分に嘘をつかない「自己一致」

「クライアント（来談者）中心療法」と呼ばれる現代カウンセリングの礎を築いたのがカール・ロジャーズです。

『アドラーの生涯』（エドワード・ホフマン他著、金子書店）という本の中で彼とアドラーの交流が次のように描かれています。「私（ロジャーズ）はアドラー博士の、子どもと親にじかに関わる、非常に直接的でだまされたと思うほどシンプルなやり方にショックを受けた。私がアドラー博士からどれほど多くのことを学んだかを認識するにはしばらく時間がかかった」

ロジャーズは論文の中で傾聴の三条件として以下の三つを挙げています。「自己一致」「共感的理解」「無条件の肯定的配慮」です。私たちは第一章と第二章で「正の注目」と「リフレーミング」を学びました。しかし、これらの技法を用いるときに、えてして私たちは間違いを犯しがちです。それが本章で解説した「無理矢理ポジティブ」です。

アドラー心理学の主要な理論の一つに心と体、意識と無意識などの分割はなく一つであるという「全体論」があります。「自己概念」と「自己体験」を一致させる「自己一致」というロジャーズの考えは、アドラー心理学と極めて親和性が高いと言えるでしょう。自己一致をしながら、正の注目とリフレーミングをする。リョウ君はそれを心がけ、嘘のない本物の自己勇気づけを始めます。

第四章

やらなくちゃならない仕事が山積み

［**ドラさんの宿題**］

「やりたくない」ならやめる。「やりたい」ならやる。

「やらされている」と嘘をつかない

「リョウ君、東西電鉄のムロヤマさんから電話！　昨日頼んだメールに返信がないって。少しお怒りみたいよ」

やべっ。返信を忘れていた。

「はい、私です。申し訳ありませんでした。はい。すぐにお送り致します」

あちゃちゃぁ。またやっちまった。一瞬、ダメな自分を認めたくない、という「否認」と「自分は悪くない。仕方なかったんだ」という「歪曲」が頭に浮かんだ。

しかし、よく考えてみれば誰にだって失敗はある。そんなときは無理に「否認」「抑圧」「歪曲」せずに、ありのままにネガティブをぼんやり見ればいい。ドラさんからそう教えてもらったじゃないか。ドラさんからもらった三つ目の宿題をやるチャンスが訪れたわけだ。

「またやっちゃったな。ボク、子どもの頃からうっかり屋だしな。そんなときもあるよね」

少し気が楽になったぞ。

「仕方なかったんだ。ボクが悪いんじゃない」と「歪曲」したり、「自分がミスをするなんておかしい」と「否認」するのでもなく「やっちゃうときもあるよね。ボクだって人間だから」とネガティブな自分も見る。

うん。心が軽くなったぞ。

よし。気持ちを切り替えて仕事を前に進めよう。やるべき仕事が山盛りだ。ボクはやることリストに業務を書き出してみることにした。

・東西電鉄さんにメディア比較資料を送る
・ロイヤル自動車さんに掲載広告反響データを送る
・経理に交通費伝票を提出する
・社内企画書コンテストに出す企画書をつくる
・五星電気さんへの提案書をつくる
…………

「はぁー。こんなにやるべきことがたくさんあるなんて。とても今日一日で終わりそうにないよ。嫌だなぁ。全部放り投げてビールでも飲みに行きたいなぁ」

しかし、そんなことをしても余計に苦しくなるのは目に見えている。あぁ嫌だなぁ。と思ったところで、ドラさんからの宿題「ネガティブをただ見る」を思い出した。


嫌だなぁ、とボクは今思っているな。そんなこともあるよね。まいっか。

まだ終わっていないこともたくさんあるけど、これまで終わらせたこと、できていることもたくさんあるよね。あの企画書もつくったし、あのメールにも返信した。

結構、ボク、頑張っているじゃない。うん、うん。よし。少し、心が軽くなったぞ。

そして、勇気も補充されてきた。さあ、高い山、山盛りの仕事に取りかかるぞぉ。


…………

ダ、ダメだ……。あまりにも山が高すぎる。過去の自分を肯定して、認めて、勇気に変えることができても、未来のやるべきことが多すぎて、山が高すぎて、ついくじけそうになってしまう。どうすればいいんだろう。

「リョウ君。しかし、キミは本当にわかりやすい人だねぇ」

ドラさんが片肘をつきながらニヤニヤとボクを見ている。隣の席のハヤト先輩も笑っている。ボクは、ハッと気づいて、自分を振り返ってみた。

すると。右手にペンを持ちながら、左手にやることリストを握りしめ、それをじっと見つめては、ため息をつく。そんなマンガの主人公のような仕草を繰り返している自分に気づいた。

「なぁ、リョウ。やることが多すぎて、気が滅入っているんだろ。オレも同じさ。やるべきことが山のように積み重なって、雪崩れが起きそうだ。気が滅入るばかりだよ」

ハヤト先輩が言うと、ドラさんは、うほっ、うほっ、うほっ、と、両手を突き出たお腹にあてながら笑い声をあげた。まるでおとぎ話に出てくる木こりのおじいさんのようなリアクションだ。この人の行動は本当に古くさくて演技めいている。

「リョウ君もハヤト君も、そんなにやりたくないなら、やらなければいいじゃないか！」

その声に、ボクより早くハヤト先輩が反応した。

「え？　ドラさん。やらなくていいんですか？　やったー、ラッキー！　じゃあ、ボク、川原製パンの提案書つくらなくていいんですね。ドラさんがやってくれるんですか？」

「いぃや。やらんよ」

「じゃあ、誰が？」

「知らんよ。誰もやっては、くれんだろう。キミがやらなければ誰がやるんだい」

両手の手の平を上に向けて肩の上で拡げた。お手上げのポーズだ。

「なぁーんだ。やっぱり、やらなくちゃならないんじゃないですか。なんで、さっき、あんなことを言ったんですか？」

ボクも同じ疑問を持った。なぜ、ドラさんはあんなことを言ったんだろう。「やりたくないならやらなければいい。無理してやる必要はない」と。

「ほぉ。ハヤト君。じゃあキミは川原製パンの提案書をつくることにしたんだね」

「はい。誰もやってくれないから、仕方なくやります」

「では、キミはその仕事を『やりたい』んだね」

「いや、別に『やりたい』というわけでは……」

「『やりたくない』んだね。では、やめなさい。やめればいい」

「いえ、でも、『やらなければならない』ので」

「はぁ？　おもしろい。誰が決めたのかね？　キミは誰にやらされているのかね？」

「え？　誰にやらされている？　それは川原製パンの宣伝課長さんに……」

「本当かね？　彼はキミの上司かね？　裁判官かね？　キミが嫌なら断ればいいだろう」

「え、ええ？　そんなことをしたら、機嫌を損ねて広告をキャンセルされてしまいます」

「それの何が問題なんだね。キャンセルさせればいいだろう」

「いえ、そうしたら売上もボクの成績も下がって、みんなに迷惑をかけてしまいます」

「それの何が問題なんだね。みんなに迷惑をかければいいじゃないか。だってキミはやりたくないんだろう。ならば、やらなければいいじゃないか」

「でも、やらなければ、もっと嫌なことになるんです。みんなに迷惑かけては会社にいづらいし、低い評価で会社をクビになりたくもありません。それくらいだったら、まだ提案書をつくるほうがマシです」

「ビンゴ！　ほら、やっぱりキミは『やりたい』んじゃないか。やることを『自分で選んでいる』。つまりは『自己決定』しているんじゃないか」

いつものように人差し指でハヤト先輩を指さして、ウインクをした。

「やったほうがマシ。つまりは、キミが選んでいるんだろう？　提案書をつくるほうをキミは『やりたい』んだろう？　キミの仕事は『やるべき』『やらされている』仕事なんかじゃない。『自分で選んだ』『やりたい』仕事なんだ。じゃあ、やればいいじゃないか」

ボクはこのやりとりを聞きながら、またもや「目からウロコが落ちる」思いがした。そうか。ボクは「やるべき」仕事が山積みだとばっかり思っていたけれど、それは「やるべき」ことなんかじゃなかったんだ。「やりたい」ことだったんだ。

そして、「やらされている」仕事ではなくて「自分で選んでいる」「自己決定」している仕事だったんだ。嫌ならやめればいい。自分で選んでいるんだ。

ボクは思い出していた。この会社に入りたくて、入りたくて、必死に面接の準備をしていたこと。入社が決まったときは飛び上がって大喜びしたこと。入社したばかりの頃、仕事が楽しくて仕方がなかったこと。

いつの間にそれが苦痛になってしまったんだろう。「やらされていること」「やるべきこと」が山積み。そんな風に喜びを苦しみに変えてしまったんだろう。

そのとき、ボクはおそらく魂が抜けたような表情をしていたのだろう。ドラさんはボクの背中をバシンと叩くと、こう教えてくれた。

「いいかい。ハヤト君、リョウ君。アドラー心理学では『やりたいけどできない』を人生の嘘と呼ぶんだ。それは単に『やりたくない』だけだ。『痩せたいけど食べたい』んじゃない。単に『食べたい』んだ。人間は一つだ。意識と無意識が葛藤することはない。これをアドラー心理学では『全体論』と呼ぶんだよ」

「キミたちが葛藤していた『山盛りの仕事はしたくない』けれど『今の仕事は続けた

い』なんていうのは葛藤じゃないんだ。『やりたくないからやらない』『今の仕事を続けたいから山盛りの仕事も片付けたい』そのどちらかなんだ」

「キミたちはこれまでの人生もすべて自分で決めてきた。今の仕事や会社を選んだのも自分。卒業した学校を選んだのも自分。自分の性格をつくりあげてきたのも自分」

え？　そうなの？　ボクの頭の中に疑問が浮かんだ。大学を選ぶときに厳しく父親から国立を出なくてはダメだ、と言われ、行きたくなかった大学を選んだのを思い出す。

ボクは、ドラさんに経緯を伝えてみた。すると、

「では、他の大学に行けば良かったじゃないか」

と切り返された。

「そんなの無理です。父が許してくれません」

「では、お父さんに頼らず自分で学費と生活費を稼いで、行きたい大学へ行けば良かったじゃないか」

「そんなことをしたら、両親に申し訳ないし、大変だし……」

○○社
採用

「なるほど。じゃあ、キミが自分で選んだんだね。お父さんの言葉に従うことを『自分の意志』で選んだ。すべてキミが決めたことなんだね。リョウ君。アドラー心理学ではこれを『自己決定性』と呼ぶんだ。『人間は自分自身の人生を描く画家である』、アドラーの言葉だよ」

あ、そうか。そうだったのか。ボクはこれまでずっとやらされてきた、決められてきた、と思っていた。

でも、そうじゃない。自分で選んだ人生だったんだ。

「そして、これからどうするかもすべてキミが決めることができる。なんて素晴らしいんだ！　リョウ君、ハヤト君。キミたちは何だって自分で選ぶことができるんだよ！」

ドラさんはそう言って、いきなりボクの両手を取って、クルクルと回り始めた。ラララララ！　唄いながら踊る。

ボクは、そうでなくても頭の中がグルグルと回っているのに、さらに一層混乱してきた。

これまでのボクの人生はすべて自分で決めてきた。これからも決めることができる。嫌ならばやらなければいい。やるのなら、自分で決めたことだ、決して誰からもやらされているわけじゃない。


そう思ったら、何だかエネルギーが湧いてきた。やらされていると思っていた辛かった仕事は全部、自分で決めていたことなんだ。嫌ならばやめればいいんだ。

そうか。「やめる、という選択肢」が常にあるんだな。自分で決めていいんだ。そうとわかると、不思議とやる気が湧いてきたのだ。

よーし。やるぞ。

山盛りの仕事は、全部自分が決めたこと。やらされているんじゃない。やめることだってできる。

いや、ボクはやりたい！

よーし、やるぞ！

「ドラさん、ボクはやります。やりますよ！」

しかし、さっきまで目の前にいたドラさんは我が営業一課のデスクにいなかった。

ふとフロアを見渡すと、遠く、女性社員ばかりで構成されている経理課のデスクで女性たちと次々と手をつなぎダンスを踊っているのが見えた。そしてボクが睨んでいるのを見ると、こちらに手を振りながらこう叫んだ。

「リョウ君、ハヤト君。いいかい。やらされ仕事なんかないんだ。やりたくなければやめる。やりたければやる。やらされているという嘘をやめるんだぞ！　ボクは今、ダンスをしたくてしている。女子の手を握りたくて握っている。ちゃんと自分をわかっている。キミたちも自己決定性を忘れるなよ！」

［**ドラさんの宿題**］

「やりたくない」ならやめる。「やりたい」ならやる。「やらされている」と嘘をつかない

［コラム］

すべて自分で決めたこと。すべて自分で決められる

アドラー心理学の特徴的な考え方の一つに「自己決定性」というものがあります。問題の原因を他者や環境のせいにして自己正当化することをアドラー心理学では認めません。すべて自分が決めたこと。すべて自分が決められる。そのように考えるのです。

この考え方はよく誤解されがちです。その一つが「過去は一切関係ない」「トラウマはない」というものです。しかし、アドラーはそこまでの強い断定はしていません。アドラー心理学では「柔らかな決定論」という言葉をよく使います。それは、全か？　無か？　といった極端な断定ではなく「であるかもしれない」という柔らかな考え方を好む、ということです。ですから「過去は一切関係ない」のではなく、過去の原因は影響因としては存在するかもしれない。しかし、決定因は自己にある。そのように考えるのです。

また「すべて自分で決めたこと」という考えは「突き放したように冷

酷で受け容れ難い」という人もいます。しかし、果たしてそうでしょうか?「今からでも自分で人生を変えていける」というアドラーの考えは、希望に満ちた温かな考え方であると私は感じます。育った家庭や遺伝に支配されて人生が決められてしまうという「決定論」のほうがむしろ希望がなく悲しい考えだと私は思います。どうやら主人公のリョウ君も同じことを感じたようです。彼は「やるべきことなどない」と気づき、力強く新たな人生を歩み始めたようです。

第五章

成績の悪いボクは劣っている。負けている

［**ドラさんの宿題**］

「機能価値」と「存在価値」をごちゃ混ぜにしない。

ありのままの自分を受け止める

「うちの課にも新入社員、入ってくるかなぁ」
「新卒の女子、結構かわいいらしいじゃん。うちにも配属にならないかなぁ」

ツヨシとユウがニヤニヤしながら話している。もうそんな季節か。目標達成している二人はいいよなぁ。そんなことを考える余裕があるんだから。

ボクは、そんなことよりも、三月末までに不足している売上の二千万円が頭から離れない。夢の中にさえ繰り返し現れるのだ。

夢の中でボクは焦っている。ランキングのビリから抜け出そうとあがいている。そこへ五千万円のビッグな仕事が飛び込んでくる。

やった！　目標達成だ！　と思った途端にキャンセルの電話が鳴る。ボクは打ちのめされた気持ちで……と、そこで目が覚める。

また、同じ夢を見た。どうしよう。このままでは最下位だ。ボクのせいで一課の数字も未達成だ。みんなに申し訳ない。いっそ、ボクなんか会社を辞めてしまえば……。

「表彰状　広告営業部達成率　第一位　……ツヨシ君。貴殿は優秀なる成績を……」

ボクは、表彰式の会場の最後列で背中を丸め、目立たないように、できるだけ小さくなっていた。できればそっとしておいてほしい。そこへ……。

「まぁだ、クヨクヨしてるの？　リョウ。元気出してよ！」

リカがボクの背中をバシンと叩く。

うるせぇな。放っておいてくれよ。

「やっぱ、ツヨシ君、一位だったね。これで三クォーター連続トップじゃん。かっけぇなぁ。売れる男はビッとしているね。こう、なんというか、ビッ！　とね」

つくづく自分が嫌になる。結局、ボクは棚からぼた餅のポテンヒットのような受注で、ぎりぎりビリを逃れたけれど、結局ビリから三番目。劣等生であることに変わりはない。

表彰台の上ではドラさんが現れて、敢闘賞やら新人賞やらのプレゼンテーターを務めている。

そうだ。こんなときこそ、ドラさんの教えを実践するんだ。まずは、できていないところではなくて、できているところに注目する。

ビリから三番目。ビリではないぞ。売上もゼロではなくきちんと一千万円以上売れている。新規受注もツヨシほどじゃないけど三件あるし。

よし。少し元気が出てきたぞ。

それから、リフレーミングって言ったっけ。多面的に別な角度から見る、例のやつ。そう。失敗は経験でもある。チャンスでもある。

そうだ。今は、悔しさと力をためるときでもある。他人の痛みをわかる経験をしている。よし。また少し元気が出てきたぞ。


でも、しかし。やっぱり……。ツヨシとボクは同期入社なのに、こんなにも差が開いてしまったことにどうしても目がいってしまう。

彼は同期で唯一のシニア・レップ（プレーイング・マネジャー）。ボクはただの平社員。彼は三クォーター連続トップ。ボクは二クォーター連続未達成。ツヨシはイケメンの塩顔。ボクは普通の醤油顔。

比べれば比べるほど自分がみじめになるってわかっているけど、比べずにはいられない。たった五年の間にこんなにも差が開いてしまうなんて。

そういえば、リカはツヨシの前だとちょっと女の子っぽいしゃべり方になる。ボクにはわかるんだ。あいつ、絶対ツヨシを意識しているって。ボクに対してはタメ口で、男言葉でしゃべるくせに。

リカ、きっとツヨシのことが好きなんだ。悔しいけど、ツヨシになら、リカを取られてしまっても……。


バシッ。またもや背中を叩かれた。

「痛い！　リカ！　いい加減にし……ろよ。あ、リカじゃない。ドラさんじゃないですか！」

「よぉ、よぉ、へぃ、リョウ、いつまで落ち込んでんだよぉ！　よぉ！」

ドラさんがリカのモノマネをしながら、ヒップホップ　アーティストのように人差し指を天に突き上げている。しかし、リカにまったく似ていない。

ボクはモノマネに気づかないふりで、いつも通りに淡々と答えた。

「ドラさん。落ち込むのは当然じゃないですか。同期のツヨシがトップでボクはビリから三番目。これで落ち込まなかったら、むしろそっちのほうが問題ですよ」

深刻なボクなどまるで目に入らないかのように、ドラさんはいつものクリクリまなこでニッコリ笑っている。

この人はどんなときもそうだ。「ふざけるな！　こっちは真剣なんだ！」と怒鳴りたいけれど。憎めないんだよなぁ。どうしたらこんなにかわいらしい人になれるんだろう。

いやいや、そんなことはどうでもいい。ボクとツヨシとの問題だ。

「ドラさん。ボクたちは同期入社なのに、どうして、こうもデキが違うんでしょう。ツヨシのところにはヘッドハンターから次々と電話がかかってきて、中には年収一千万円の提示もあると聞きました。ボクはどうです？　年収三百万円ちょっとの給料で、ヘッドハンターからの電話など一本もない」

「リョウ君。落ち着きたまえ。今こそ、キミに出した宿題を試すチャンスじゃないか」

「ドラさん。申し訳ありません。いただいた宿題、全部何度も試しています。もちろん効果があるときもあるけれど、今回ばかりは無理です。こんなに明確に差があっては」


ボクはドラさんに猛反発をした。

ドラさんは相変わらずクリクリと瞳を動かしながら笑っている。ボクの反発など柳に風、とばかりだ。そしてこう言った。

「リョウ君。たしかに転職マーケットでは、ツヨシ君は年収一千万円の価値があるかもしれない。そして、残念ながらキミには年収三百万円分の価値しかないかもしれない。でもね、そんなことはどうでもいいことなんだ。転職マーケットなんて重要じゃないんだ」

すこしずつ表情が真剣になり、声が大きくなっていく。

「ツヨシ君もキミも『人間として』はまったく平等だ。優劣も上下もないんだよ。どちらもかけがえのない世界で唯一の素晴らしい存在なんだ！」

「売上が高かろうが、ヘッドハンターから電話があろうが、そんなことは一切関係ない！　キミは『人として』ありのまま、そのままで素晴らしい価値があるんだよ！」

ドラさんは、ほっぺたを真っ赤にして力説している。でも、しかし。今回ばかりはドラさんの言葉がボクを説得することはできない。

ドラさんは、きれいごとを言っているんだ。違いは明確ではないか。なのに「人間としては平等」だなんて。

そんな理想論を聞かされても信じられない。ボクは彼よりも劣っている。人間として負けているんだ。

ふと気づけば、周囲の同僚たちがドラさんとボクをじろじろと睨んでいた。

もう、ドラさんってば声が大きいんだから。シーッ！　ボクは口に指をあててドラさんをいさめた。しかし、ドラさんはボクの人差し指を払いのけて、まだ真っ赤な顔で続ける。

「リョウ君！　キミのお母さんがこの場にいたとしたらどうだ？　ツヨシ君に比べて

キミの価値が劣っている、と言うだろうか？　え？　キミを劣った人間だと言うだろうか？」

母親と言われてボクはドキッとした。たしかに、母はこれまでずっとボクの味方でいてくれた。そしてこれからもそうだろう。母から見て、ボクがツヨシよりも劣った人間であるわけがない。

でも、でも。それは詭弁だ。言い訳だ。母はそう言うかもしれないけれど、世の中の多くの人は言わない。ツヨシのほうに価値がある。みんな、そう言うに決まってる。

「リョウ君。とても大切な話だから、表へ出よう」

ドラさんの表情は、これまで見たどれよりも真剣だった。その迫力に気圧されるように、ボクは、はい、と答え、ドラさんの後についてエレベーターに乗り外へ出た。

三月末日の外の空気はまだひんやりとしていた。東京駅の真上に白い月がとても大きく見えた。

「ドラさん。表彰式、出なくていいんですか」

「そんなものは、どうでもいい」

ドラさんは、東京の、そして日本経済のど真ん中とは思えないほど下町然としたガード下を歩いて、ボロボロの赤提灯の店に入った。ふと時計を見ればまだ夕方の六時前だ。

「おやじさん、熱燗。それと、おでん。適当に見つくろって」

ドラさんはボクに飲み物の種類も聞かずに、まるで昭和の映画俳優のように言うと、まあつきあえよ、と笑った。その笑顔はいつもとは明らかに違って、少しひきつっていた。

「リョウ君。もう十年前になるかな。ボクね、このおやじさんの前で、みっともないことに大泣きしたことがあるんだよ。ね、おやじさん」

「へぇ、そんなこともありましたかね」

短く刈りそろえた白髪と黒髪がまじった、ゴマ塩頭のおやじさんは目を合わさずに、ごまかした。ドラさんはお構いなしに、十年前の体験をぽつぽつと語り始めた。

「リョウ君。ボクはね。キミと同じ年齢の頃に、今のキミより、もっと売れない、ダメダメな営業マンだったんだ」

ドラさんはおでんをつつきながら続けた。

「そのときのボクはいつもビクビクと怯《おび》えていた。そして自分を責めていた。会社に迷惑をかけている。みんなからバカにされているに違いない。そう思い込んでいた。そんなボクを見るに見かねたんだろう。突然、社長に呼び出されてね。それまでほとんど話したこともなかった社長の前でボクは緊張した」

「そしたら、この店に連れて来られたんだよ。あのときもまだ夕方の五時頃だったと思う。当時のオフィスは今のような立派なビルじゃなくてね。この近所にあるエレベーターもないような雑居ビルだったな。受注が一件もないのに、重い営業カバンを抱えて三階まで登るのがしんどくてね。まあ、杯を空けなよ。ほら」

ボクは酒を飲み干した。空っぽの胃袋がきゅーんと縮むのがわかった。話の続きが気になってドラさんの目をじっと見た。

「あぁ。クビになるんだな、ボクは思った。社長から直々に引導を渡されるってね。そしたら社長がね、こう言ったんだ。『おまえは絶対に会社を辞めるな。おまえは要

居酒屋 ○△□
おでん
ビール

領は悪いけど、人として優しいやつだ。それだけで十分だ』ってね。そして、それ以上、一言も言わなかったんだ。それから、べろべろに酔っ払ってね。先に帰るぞ、って。お勘定払って一人で先に出て行った」

「そしたらね。ボク。何だかわからないけど、涙がボロボロと落ちてきてね。止まらなくてね。気がつけば声をあげて泣いていたんだ。嗚咽《おえつ》が止まらなくてね。ヒックって。ちょうど、キミが座っている、まさに、その席だよ」

ドラさんにそんなことがあったなんて。社長がそんな人だったなんて。そして、当時のドラさんと今の自分自身を重ね合わせてボクは何だか自分のことが切なく思えてきた。

ボクはドラさんのように自分をずっと責めていた。

ボクだって。ボクだって、根は悪いやつじゃない。営業成績は悪いけど、サボらずに頑張ってきた。

そんなボクをボクは他の誰よりも責めていた。なんてひどいことをしていたんだろう。ボクがボクを大切にしなくて、誰がボクを大切にするんだ。ボクは、自分自身に対する自分の接し方について初めて気がついた。

「いいかい、リョウ君。キミはね『機能価値』と『存在価値』をごちゃ混ぜにしてしまっているんだ。言葉を換えるなら『Doing（やり方）』と『Being（あり方）』と言ってもいい。キミは『Doing』が上手でなくて『機能価値』をうまく発揮できていないだけだ」

「でも、そんなものは経験と訓練と努力で、いかようにでも変えることはできる。焦る必要なんかない。ましてや、自己否定する必要なんかみじんもない。なのに、キミはそれだけのことなのに、なんと、キミの大切な、大切な『Being』つまりは『存在価値』までも否定してしまっている。『営業成績が悪い人は人間としてダメな存在、劣った存在だ』と自分で自分の人格までをも否定してしまっているんだ。それは大きな間違いだ」

「キミは、キミでいい。キミは今のままで素晴らしい。売れようが売れまいが、欠点があろうが関係ない。『Being』としてキミの『存在価値』は何一つそんなくだらないことで傷つけてはならない。キミは素晴らしいんだ。ボクはキミが大好きだよ！」

そう言って、ドラさんはキューッと杯を飲み干した。


ボクは呆然としていた。今、自分がどこにいて、何をしているのかも忘れて、ただ、ドラさんの言葉を反芻していた。

――キミは、キミのままでいい。ボクはキミが大好きだよ！

そのとき、突然、まぶたに母の顔が浮かんだ。母は小さなボクを抱きしめながら、

「リョウ。私の宝物。私の大切な、大切な、宝ポッチ」

そう言って頬ずりをしている。

ボクは二つの下まぶたに涙がたまり始めたことに気づいて、あわてて顔を背けた。

ドラさんはボクの様子に気づいたのだろうか。突然立ち上がり、頭上の棚におでこをしこたまぶつけて、痛い！　と叫び、壁にドスンとぶつかった。そして、照れ隠しをするように「お勘定！」と叫んだ。お金を払うと「先に帰るぞ」と言って一人で出て行った。

ボクは必死に涙をこらえていた。まだ、ドラさんの言葉が頭の中で鳴り響いている。

――キミは、キミのままでいい。ボクはキミが大好きだよ！

くそぉ。何をやっているんだボクは。

「ご馳走さまでした！」

カバンを抱えてボクは店を出た。

風が冷たい。月がさらに大きくなっていた。そして少し黄色くなっていた。故郷の実家の玄関にある白熱灯みたいな温かい色だった。

ボクは唇を噛んでこの気持ちを忘れないようにしよう、と思った。

［ドラさんの宿題］

「機能価値」と「存在価値」をごちゃ混ぜにしない。ありのままの自分を受け止める

機能価値と存在価値は別物

機能価値と存在価値という分け方はアドラー心理学の用語ではありません。しかし、アドラーの「勇気づけ」を理解するためにわかりやすい分類であるため、本書ではこの言葉を用いることにしました。

社会学者のフェルディナント・テンニースは共同体を二つに分類しました。目標達成を追求する営利企業に代表されるゲゼルシャフト（機能共同体）と、存続や安心感を追求する地縁・血縁関係に代表されるゲマインシャフト（価値共同体）の二つです。この二つは先の言葉を借りるならそれぞれに「機能価値」と「存在価値」を基盤に存在していると言えるでしょう。現代に生きる私たちの多くは営利企業というゲゼルシャフトを生活の基盤としています。そのため、企業の論理である「機能価値」を気にせざるをえません。そして「機能価値」がすべてであると考えてしまいがちなのです。しかし「機能価値」と「存在価値」は別物です。会社での評価が高かろうが低かろうが、すなわち「機能価値」の高低をもとに「存在価値」が規定されるわけではありません。たとえ人事上の評価が低くても、企業で働くことができず病床で寝たきりになったとしても、その人の「存在価値」は微動だにせず存在しているのです。

このことを理解でき、自らの「存在価値」を認めることができる人は、人間の土台がしっかりとしているので些細なこと

■図2　機能価値と存在価値

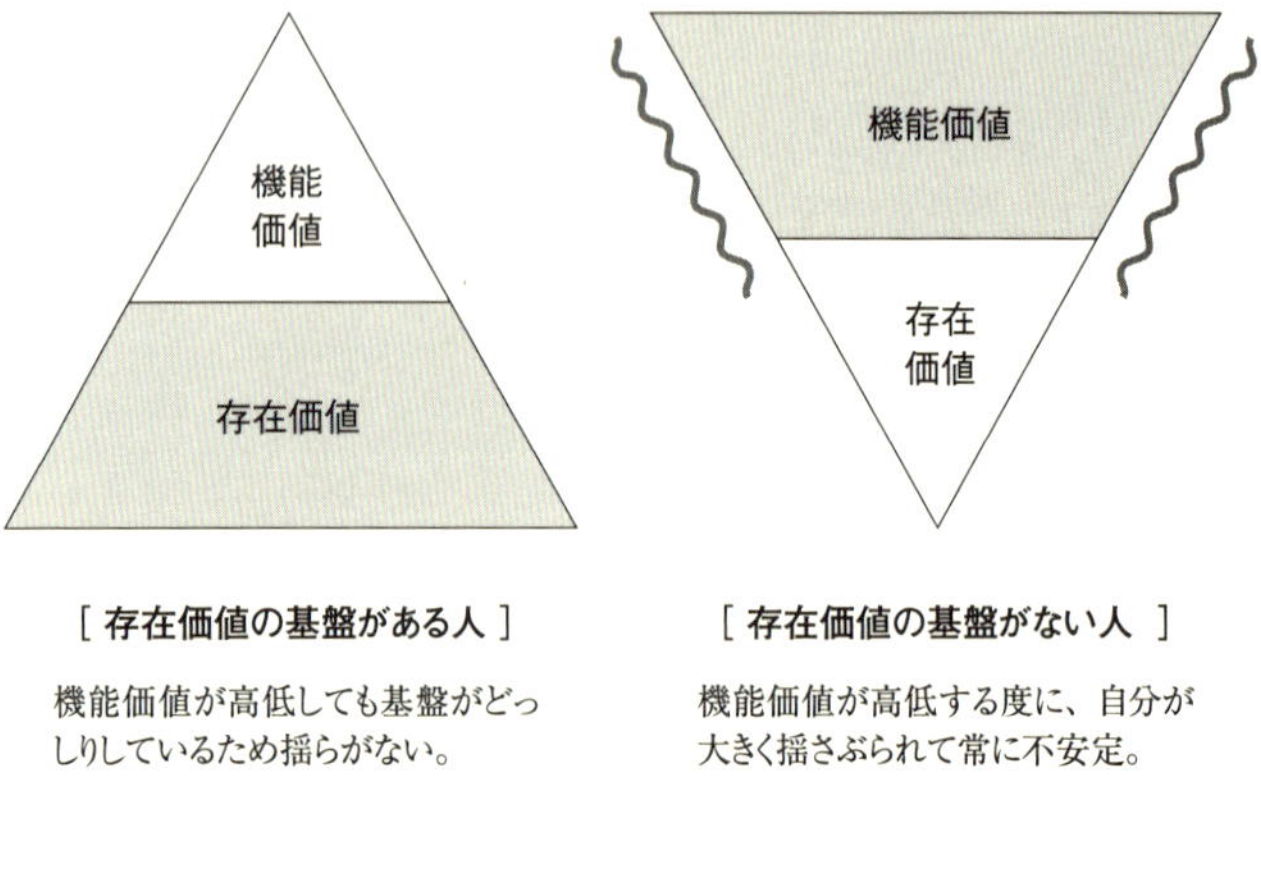

機能
価値
存在価値
［ 存在価値の基盤がある人 ］
機能価値が高低しても基盤がどっしりしているため揺らがない。
機能価値
存在
価値
［ 存在価値の基盤がない人 ］
機能価値が高低する度に、自分が大きく揺さぶられて常に不安定。

で揺らぎません。しかし、この基盤ができていない人は「機能価値」の高低に一喜一憂し、常に感情が揺らぎます。すると、ますます「機能価値」が発揮できなくなる悪循環に陥るのです。解決策はただ一つ。根拠なく自らの「存在価値」を認めることです。アドラー心理学では、欠点も含めたありのままの自分を認めることを「自己受容」と呼びます。それこそが、勇気を持つということなのです。「機能価値」に左右され揺らいだままでは、決して自分を勇気づけることはできません。

本書でドラさんはリョウ君に対してこのことを力説します。自らの存在価値を認め土台がしっかりしているドラさんと、それを認めることができず常に揺れているリョウ君。さて、リョウ君は自らの存在価値に気づくことができるのでしょうか。物語は続きます。

第六章

自分を追い込んで、やっとできるようになったんです

［**ドラさんの宿題**］

不完全な自分をそのまま抱きしめて、自己受容する

東京駅丸の内近辺には、スーツが不似合いな童顔の新入社員が群れをなして歩いていた。彼らと同じように、お堀端の桜もまだ二分咲きだ。四月一日の朝はすべてがみずみずしく感じる。ボクは朝の寒気に体を震わせて、ビルの門をくぐりエレベーターに乗った。

「おはようございます！」

フレッシュな気持ちで、いつもより三割増しの大きな声で挨拶をしてから席に着いた。

すると、朝一番でリカがドラさんへ向かって大声を出している場面に出くわした。

「ドラさん、どうしたんですか？　その、おでこのたんこぶ！」

リカは同意を求めるようにボクの顔を見て、再び絶句した。

「リョウまで……。どうしたのよ、そのオイワさんみたいに腫れたまぶた……」

ドラさんはいつものクリクリまなこをキョロキョロさせて、両手の平を水平に掲げ、肩をすくめて見せた。ボクとドラさんは揃って大笑いした。ははは、はは。

「リョウ、ちょっと、ちょっと。こっち来てよ。早く」

眉間にしわを寄せたリカに引っ張られてボクは給湯室へ移動した。内緒話をするときによく使う場所だ。窓から真っ白な太陽の光が差し込んでいる。朝早く、暖房がまだ効いていない給湯室はひんやりしていた。ボクはリカに問われるままに昨晩の話を正直に伝えた。


表彰式会場でボクがいじけてドラさんに居酒屋へ連れ出されたこと。そこでドラさんから昔話を聞かせてもらい、自分に重ね合わせたこと。

ボクは、自分の成績が悪いという「機能価値」の問題を「存在価値」と、ごちゃ混ぜにして、自分自身の人格までも否定してしまっていたこと。どんなに「機能価値」が低くてもそれは「存在価値」とは何の関係もないこと。

年収一千万円のヘッドハントが来ているツヨシと年収三百万円しか稼げないボクは「機能価値」では異なるけれど「存在価値」では差がなく、どちらもかけがえのない存在であること。

リカに話しながら、ボクは再び母のことを思い出して鼻の奥がツンとなった。いかん。もう十分まぶたが腫れるまで泣いたじゃないか。ボクは昨晩、部屋に帰ってから一人、自分の感情をすべて吐き出した。

悔しかったこと。切なかったこと。さみしかったこと。自分のネガティブな感情にフタをせず、「否認」「抑圧」「歪曲」せず、そのまま解放したら、まるで子どもみたいに泣けてきた。あんなに泣いたのは小学生以来ではなかろうか。

翌朝、冗談みたいにまぶたが腫れたけれど、そんなことはどうでも良かった。人目なんて気にしない。かっこ悪くてもいい。なぜかそう思えたのだ。

「そんなことがあったの……」

リカがうなずいて続けた。

「機能価値と存在価値か……。私もリョウと同じく、ごちゃ混ぜにしていたかもしれない。『しょせん、私はアシスタント。私なんていてもいなくてもおんなじ』そんな風にいつも感じているもの」

そんなことを考えていたのか……。ボクは驚いた。リカの横顔はさびしそうで、ボクまで胸が苦しくなってきた。

気がつくとボクはリカを勇気づけようと余計なことを口走っていた。ドラさんに勇気づけられたのと同じセリフを伝えたのだ。

「リカ。アシスタントはとっても大切な仕事だよ。ボクたち営業は感謝しているし、リカは本当にかけがえがない素晴らしい存在だよ。ボクはキミが大好きだよ」

ハッ。なんていうことを言ってしまったんだろう。ドラさんと同じ言葉を使ってから、ボクは気がついた。

これではまるで愛の告白ではないか。頬が熱くなっているボクに気づいているのかいないのか、リカは少し嬉しそうな顔で「ありがとう」と言ってうつむいた。

「コーヒー、コーヒー、朝コーヒー」

鼻歌まじりに歌うドラさんの声が聞こえると思ったら、もうそこにドラさんがいた。

「おや、リカとリョウ君じゃないか。どうしたんだい、こんなところで。もしかして、二人はあっつあつぅの、あっちっちぃ……」

両手の人さし指同士をくっつける古いジェスチャーと共にニヤニヤ笑うドラさんに、ボクとリカは同時に「違います」と否定した。

そしてあわててボクは言い訳をするように、リカに何を話していたかをドラさんに説明した。

「ドラさんのお陰でボクは気づきました。今までボクは『機能価値』が発揮できないとすぐに『存在価値』までも自己否定していました。そして挽回しようと自分をむち打った」

「それはまるで『ブレーキを踏みながらアクセルを踏んでいるようなものだ』と改めて気づきました。『豚もおだてりゃ木に登る』でしたね。勇気が満たされれば人は放っておいても良くなろうと努力する。それを忘れていたんです。本当にありがとうございました」

ドラさんはまたもやいつものポーズをした。ピストルを撃つジェスチャー。親指を立てるジェスチャー。まるで声が聞こえるようだ。

「ビンゴ！　バキューン！」

そして、嬉しそうに口を開いた。

「リョウ君、リカ。二匹の猿の話をしよう。一匹はお腹がぺこぺこで目が血走っている。その猿に簡単な仕掛けのえさ箱を与える。いくつかのボタンを押すとえさがもらえる。飢えた猿は必死にえさを取ろうとして、焦って何度も間違い、うまくえさを食べられない。もう一匹は適度にえさをもらっていて飢えていない。その猿はゆとりをもってボタンを押すから、たくさんえさをもらうことができたという話だ」

「『機能価値』と『存在価値』をごちゃ混ぜにして自己否定していると飢えた猿になる。認めてほしい、愛してほしい、と飢餓状態になる。すると、余計にうまくいかない」

「日頃から、自分を認め受け容れることで心にゆとりが生まれて、持てる力を発揮できるようになる。どんなことがあっても、自分の『存在価値』は揺らがない。そう思えるほうが『機能価値』までもがうまくいくようになるんだ」

「『存在価値』を満たせば『機能価値』まで満たされるようになる。決して逆じゃない。売上をあげたり、会社からの評価をあげて『機能価値』を満たしてから『存在価値』を高めるんじゃない」

「そんなことしなくても十分既に『存在価値』があることに気づくことなんだ。キミたち二人は何もしなくても十分素晴らしいんだよ！」

そう言って、ドラさんはチンパンジーの真似をして「ウキー！」と叫んだ。この人はいちいちジェスチャーをしないと話せない人種らしい。

ドラさんの話を聞きながらボク以上にうなずいているリカを見て、ボクはリカが実はさみしかったんだと気づいた。

これからは、もっと感謝の言葉を伝えたいな。ボクは思った。ドラさんが続ける。

「『機能価値』と『存在価値』をごちゃ混ぜにしている限り、心に平穏は訪れない。ピラミッドの頂上にいる人と下で支えている人を考えてごらん。一番下の人は上を見てジェラシーを感じて心が揺れ動く」

「でもね、一番しんどいのは一番上の人だ、とアドラーは指摘している。『下に落ちたくない。抜かれたらどうしよう。一番でなくなったら自分には価値がない』そう思って地位を守ろうと、下の人より余計に心が揺れるのさ。人と比べる。つまり、上下、優劣でものごとを考えている限り、永遠に心に平穏は訪れない。これをアドラー心理学では『縦の関係』と呼ぶんだ」

「そうではなく『横の関係』で考える。誰もが一人ひとりかけがえのない『存在価値』を持っている。そう考えるほうがものごとはうまくいくんだよ」

ボクはドラさんの言葉を聞いてハッとした。そういえば。ランキング一位で表彰されたツヨシ。あいつはいつも、ものすごい形相で仕事をしている。まだ二十代なのに眉間には深いしわが刻み込まれている。

下に落ちる恐怖。彼もそれを感じているのかもしれない。

「まぁ、立ち話も何だから、そこのベンチに座らないか」

ドラさんに促されてボクたちはエレベーターホールのベンチに腰掛けることにした。ドラさんが真ん中。両脇にリカとボク。ドラさんだけ床に足が届かず、膝から下をぶらぶらさせている。

ボクはツヨシの顔を思い浮かべてボーッとしていると、リカが突然大声をあげた。

「ドラさん、でも。私はこれまでずっと、ドラさんの教えと逆のことをやってきました。ダメな自分を責めて、むち打って、それでようやく人並みに頑張れるようになったんです」

「そんな私が『存在価値』なんかで自分を甘やかしたら、今よりもずっと悪い昔に戻ってしまうような気がして恐いです。自分を追い込むことでようやくできるようになってきた、という私の成功体験は何だったのでしょうか」

ドラさんはニコニコと笑いながらボクの目を見た。

「ほら、リカもキミと同じだ。自己否定こそが成功の秘訣だと勘違いしているんだよ」

ドラさんの顔にはそう書いてあった。そして、これまでボクが考えてもみなかったことを教えてくれた。

「リカ。いいかい。人は記憶をねつ造するんだ。アドラー自身もねつ造している自分に気づいたと後に述べているんだよ。彼は子どもの頃に体が弱く臆病で自信がなかった。だから小学校から家に帰る途中の墓地が恐くて恐くて仕方がなかったんだ」

「そこで彼は意を決して、一人で肝試しをすることにした。彼は勇気を振り絞って何度も墓地の中を行ったり来たりして、恐怖心を克服することに成功した。やった！　できた！　そんな話を友人にしたんだ」

「すると、幼なじみの友人は皆口を揃えてこう言ったんだ。『アドラー。学校の近くに墓地なんてなかったよ』。つまりこういうことだ。人は記憶をねつ造する。自分に都合のいいようにね」

へぇ。そんなことがあったのか。たしかにそうかもしれない。では、ボクたちがねつ造している記憶とは何だろう？

ドラさんはニヤリと笑って続けた。

「いいかい、リカ。自分にダメ出しをして追い込んで成長する厳しい物語と、人からほめられて調子に乗って成長する楽チン物語。いったい、どっちがカッコイイ、と思う？」

　リカは即答した。

「厳しい物語のほうです」

「そう。そのほうがカッコイイだろう？　もしかしたら、リカは理想の自分、つまり『優越』を感じたいがために、アドラーのように、自分に都合のいいストーリーをつくり、過去をねつ造しているのかもしれないよ」

「本当に、リカを認め勇気づけてくれた人はいなかったかい？　リカを励まして『存在価値』を満たしてくれた人はいなかったのかい？」

「あっ……そういえば……」

　リカは、既に会社を辞めてしまった昔の先輩の話を教えてくれた。大切な伝票でミスをしたときも、システム入力の仕方を中々覚えられなかったときも、いつも笑って辛抱強く教えてくれたという。

「リカは頑張り屋さんね。急がなくてもいいのよ。少しずつ覚えていけば。ほら、もうこんなにできるようになったじゃない。すごいわ」

　いつもそう勇気づけてくれたという。

「ドラさん。私、もしかしたら、先輩に勇気づけられて、それで少しずつ自信がついて、楽しくなって、調子に乗って成長してきた、かもしれない。楽チンな物語。そっちのほうが正しいかも。いや、絶対にそうよ。私『おだてられて木に登って成長した』。うん。間違いなくそっちです。でも、ドラさんに指摘されるまでまったく気づきませんでした」

ビンゴ、バキューン！
出た。ドラさん得意のジェスチャーだ。ボクはすっかり慣れたけど、リカは驚いて口を開けたままだ。きっと心の中でつぶやいている。古い、と……。

「リョウ君、リカ。そろそろ仕事に戻らなくちゃならないな。最後に、今まで話したことをまとめよう。この言葉を覚えておくがいい。『自己肯定』ではなく『自己受容』。いいかい『自己肯定』と『自己受容』は違うんだ」
「『自己肯定』には理由が必要だ。そして多くの場合、その理由は『機能価値』から引っ張ってくる。売上ランキング上位という『機能価値』を発揮している。だから

『自己肯定』する」

「つまり『自己肯定』とは条件付き肯定だ。だから売上ランキング上位から滑り落ちて条件がなくなってしまうと『自己肯定』ができなくなる。まさに『機能価値』と『存在価値』をごちゃ混ぜにしてしまう考え方、それが『自己肯定』という考え方だ」

ドラさんは両脇に座るリカとボクが十分に惹き付けられているのを確認するかのように間をあけて、二人の目を交互に見た。そして、よし、とつぶやいてから続けた。

「一方で『自己受容』に条件は不要だ。弱さや不足がある、不完全な自分をありのまま受け容れる。それが『自己受容』だ。『人間だもの。弱さもあるさ。できないこともあるさ。失敗もする。でも、そんな自分をそのまま抱きしめよう』そうやって、飾らず自分を受け容れる。それこそがつまり『存在価値』を認めるということにつながるんだ」

「リカ、リョウ君。キミたちに必要なのは『自己受容』だ。『不完全を認める勇気を持て』アドラー派のソフィー・ラザースフェルトの言葉だよ。ボクの大好きな座右の銘さ」

そして、ドラさんはうっとりとした表情で両手を交差させて自分の胸をそっと抱いた。半分目を閉じたまま、上半身をゆっくり揺さぶりながらエレベーターホールを歩いていく。まるで目に見えない赤ん坊を抱っこしているみたいだ。おでこのたんこぶは腫れたままだけれども、その表情はとても落ち着いていた。

と、すぐその脇を書類を抱えた他部署の社員が猛ダッシュで駆け抜けていった。でもドラさんは構わずそのままだ。うっとりと、ゆったりと自分を抱きしめている。ボクとリカは目を合わせて、うなずいた。そして笑った。二人ともお互いがハッピーな気持ちに包まれていることがすぐにわかった。

「そろそろ、デスクに帰るよ。ボクたちがいないからきっと、みんな心配しているよ」

そう言いながらドラさんはまだ自分を抱きしめたまま歩き始めた。

リカがドラさんの真似をして自分の胸を抱いた。そこに暖かな白い太陽の光が差し込む。ボクにはリカがまるで教会の中の聖母のように見えた。

ボクも真似をする。ボクたち三人はうっとりとした表情で自分の胸を抱きながらデスクへと向かった。

途中、何人もの人が変人を見るようにボクたちをじろじろと見た。でもドラさんはお構いなしだ。そしてボクに向かって大げさにウインクをして見せた。

「変人でもいいさ。ボクは不完全な自分をそのまま抱きしめるよ」

ボクたちは笑い声をあげながら、それぞれの胸をそっと抱いて、ゆっくりとデスクへと歩いて行った。

［ドラさんの宿題］

不完全な自分をそのまま抱きしめて、自己受容する

自己肯定と自己受容

第一章で学んだ「正の注目」と第二章で学んだ「リフレーミング」は共に、ネガティブな見方をポジティブに変える技法です。これらは先の定義に従えば、自己肯定のための技法と言えるでしょう。自らをネガティブに意味づけることを改めて、ポジティブに意味づけ直す。それはすなわち「条件付きの自己肯定」であるわけです。

一方で、第五章で学んだ「存在価値」を認める、ということは、「不完全を認める勇気」すなわち、欠点も含めたありのままの自分を受け容れる「無条件の自己肯定」＝「自己受容」がなくてはできないことがおわかりいただけたのではないでしょうか。本章において、主人公のリョウ君はそれをドラさんから繰り返し教えられ、深く心に刻むようになっていきます。

プロローグにおいて、本書が「勇気」と「共同体感覚」の二軸により設計されていると申し上げました。全十二章で構成される本書の前半が

■図3　本書の構造とアドラーの教え

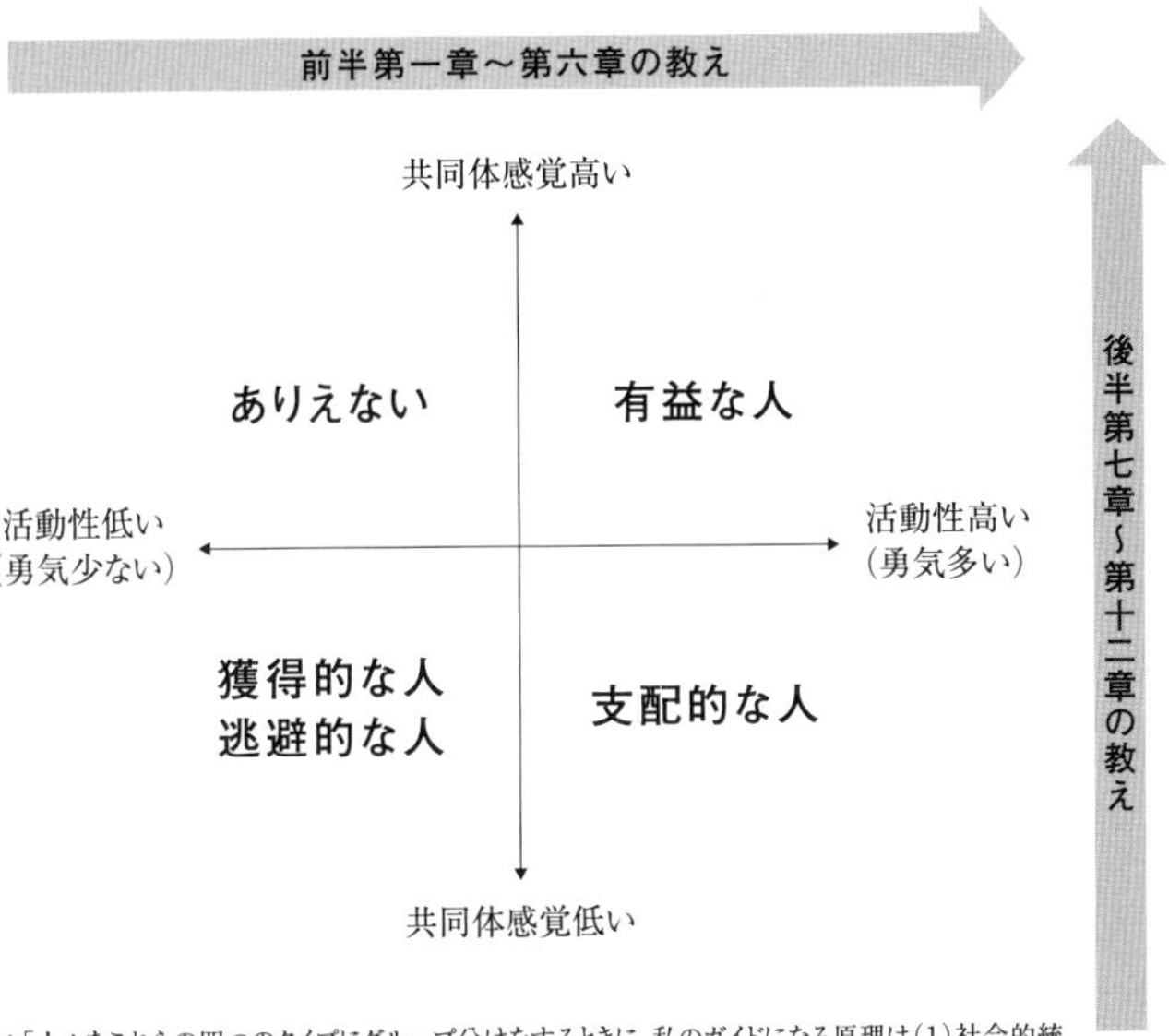

*「人々をこれらの四つのタイプにグループ分けをするときに、私のガイドになる原理は（1）社会的統合への彼らの接近の度合い、（2）その接近の度合いを彼らが一番達成しやすいと見なす仕方で維持するために彼らが（多かれ少なかれ活動しつつ）発展させる運動の形態、である」（アドラー）

出典：『現代アドラー心理学』G.J.マナスター+R.J.コルシーニ著（春秋社）、『アドラー心理学入門』ロバート・W.ランディン著（一光社）を基に筆者が一部改編を加えた。

この六章で終了します。リョウ君は第一章から第六章にかけてのドラさんの教えにより「勇気」を身につけてきました。さあ、いよいよ次は二つ目の軸「共同体感覚」への挑戦です。リョウ君は「勇気」を持ってさらに新たなチャレンジを進めます。もちろん、そこには、さらなる大きな試練が待ち受けているのですが……。

では、いよいよ後編を見ていくことにしましょう。

第七章

自分を勇気づける、次のステップとは何だろう？

［**ドラさんの宿題**］

毎日誰かを喜ばせる

ミーン、ミン、ミン。

あまりの大きな声に驚いて窓の外を見た。明日から十月だというのに、季節外れのセミが鳴くほど今日は暑い。窓に近づくと熱気がたまっているのを感じる。

しかし、ボクの頬が上気しているのはそのせいだけではない。五年ぶりの表彰を受けることが嬉しくて、照れくさくて、少しのぼせているのだ。

「表彰状　……リョウ君。貴殿は優秀な成績を収めました。ここに表彰します」

どっちの足を出すんだっけ。ボクはステージの上で緊張しながら、営業成績第二位の表彰状を受け取った。

拍手が聞こえる。スポットライトに目を細めながら、ボクは一課の仲間を見た。リカが手を振る。ドラさんがニコニコしている。ハヤト先輩がクラッカーを鳴らしてくれた。ボクはじんわりと込み上げてくる喜びを噛みしめた。

ドラさんが来て一年弱。自分を勇気づける方法を教えてもらい、Being（あり方）を変えた。機能価値よりもまずは存在価値を認めて、自分を勇気づけるようになった。

気がつけばボクの営業成績はぐんぐんとあがり始めた。これまで取れなかったクライアントのアポイントがいとも簡単に取れた。紹介された顧客から何の苦労もなく大型受注が入る。既存の取引先から何度もリピート受注が入る。

特段、努力をしなかったのに、次々と成果があがっていったのだ。いや、何も努力をしなかったわけではない。かつては苦しかった営業努力が苦ではなくなったのだ。

ボクはまるでロールプレーイングゲームを楽しむように仕事をした。工夫をすると結果が出る。少し行動を増やすと、また結果が出る。

そして気がつけば、こうしてスポットライトを浴びて表彰されるまでになったのだ。

ドラさんの言葉は本当だった。

「豚もおだてりゃ木に登る」

「人は勇気さえあれば、放っておいてもさらに良くなろうと努力を始める」

「現状に満足しても人は歩みを止めない。勇気さえあれば、もっと、もっと、とさらに上を目指す」

「ダメな自分を責めて叱咤激励するのは、ブレーキを踏みながらアクセルを踏んでいるようなもの。そんなことを続けていたら車は壊れる。ブレーキを外すんだ」

「Being（あり方）を変えて自分の存在価値を認めれば、飢餓状態から抜け出して、Doing（やり方）にもプラスの作用が働き、結果的に機能価値までもが高まる」

ドラさんから教えてもらった言葉が真実であることを、ボクは身をもって証明することができたわけだ。


ボクは表彰状を受け取り、百人は優に入るホールの最前列に用意された席に戻った。二つ離れた席でツヨシが悔しそうな表情でボクを睨みつけている。半年前に一位だったツヨシは、五位という成績が不本意であるに違いない。

と、右隣に座っていた一位のユウが優しい笑みをたたえた表情で右手を差し出し、ボクの手を強く握った。

「リョウ。おめでとう！　同期が活躍しているのを見ると、自分のことのように嬉しいよ。リョウの企画書、いつも参考にさせてもらっているよ」

思いがけないユウの言葉にボクは驚いた。そうか。ボク、イケてるんだ。そんな風に見られていたなんて知らなかった。

するとと、ユウの握手に触発されたのか、最前列に並ぶ成績優秀者全員が続々とボクに右手を差し伸べてくれた。

おめでとう、おめでとう！

ボクは気になって、ついツヨシを見てしまう。あっ。目が合ってしまった。どうしよう……。ツヨシは渋々立ち上がると、ボクに手を差し出した。おめでとう、という声が心なしか小さく聞こえる。

四半期キックオフの式次第は進行し、ボクは一課のブロック席に戻った。すると、「リョウ！　やればできるじゃない！　私、絶対、リョウはできる子だって思ってた。おめでとう！　キャー、嬉しいぃ」

リカがボクに握手を求め、思いがけずハグしてくれた。え……いいの？　ボクはリカに抱きしめられている間、両手をどこに置いていいのかわからなくて、ドギマギした。

そして、リカが体を離した瞬間に、もっときちんとリカを感じておけば良かったと後悔した。ボクの肩にリカの肩が触れたんだ。少し香水の匂いが残っている。

チッ。どこかで舌打ちをする音が聞こえた。振り返るとツヨシがボクを睨んでいた。

「あ、三課のツヨシじゃない！　すごいねぇ。今回も表彰されて。おめでとうねぇ！」

リカはツヨシの舌打ちに気づかずに握手を求める。するとツヨシは、

「五位なんて、表彰されたうちに入らねぇよ。嬉しくないね」

と、握手を拒み、くるりと背を向けて遠ざかっていった。

「か、かっけぇ……。できる男は違うわね」

リカは感心してうなっている。しかし、彼女は気づいていない。ツヨシはボクに嫉妬をしているんだ。


「リョウ君。おめでとう！　バキューーン！」

何を意味するのかはわからないけれど、ドラさんはピストルを撃つ仕草をすると、ボクの右手を乱暴に引き寄せ強くハグをしてくれた。

背の低いドラさんの頭はボクの胸に、両手は肩ではなく腰に回っている。ド、ドラさん……。リカのハグのようにドキドキはしないけれど、ドラさんの優しさが染み渡

るようでボクは嬉しかった。

じっくり五秒ほどハグをし、両手を離すと、ドラさんは突然話題を変えた。

「ところで、リョウ君。三課のツヨシ君のことをどう思うかね」

心の中を見透かされているようで、ボクはとまどった。

「どう思うって、えっと、あの、その……」

「彼はどうやら五位の成績が不本意なようだね。そして、リカにハグされたキミに嫉妬している。彼はいつも競争している。そしていつも勝とうとしている。いや、勝たなければならないと思っている。彼は勇気が不足しているんだね。辛い人生だ」

えっ？　自信満々のツヨシの勇気が不足しているって？　いつもトップ争いをして高い成績を残している彼が？　ボクはとっさに理解できず凍りついてしまった。

気がつけば、セレモニーはすべて終わり、会場にはほとんど人がいなくなっていた。残っているのはドラさんとボク、そして、テーブルやイスを片付けている式典スタッフだけだった。

ドラさんとボクは会場の隅に腰掛けて話を続けた。

「勇気がない人は自分には存在価値がないと思っている。だから必死に機能価値を求めて競争する。勝利して他人から評価されなくては自分には価値がなくなると焦っているんだ。ピラミッドの頂点に立つ人が一番しんどい。まさに、ツヨシ君だ」

ボクはツヨシの眉間にいつもある縦の三本しわを思い浮かべた。そういえばボクもいつも焦っていた。もっとも、ボクの場合は底辺から抜け出したい、トップに登りたいという思いだったから、ツヨシとはまた違う焦りだったけど。

今はドラさんやリカのような信頼できる仲間たちに囲まれて、とても穏やかな気持ちでいる。ツヨシも焦る必要なんてないのに。

「一方で、勇気がある人は自分には存在価値があるとわかっている。だから機能価値がなくても自分は人から愛され、仲間がいて、居場所があると思っている。肩の力が抜けているんだ」

「だから、過度に競う必要がない。飢餓状態にはないから肩の力を抜いて仕事を楽しむ余裕がある。そして、協調ができるんだ」

ボクは今回一位になったユウを思い浮かべた。温和な表情でボクにすっと右手を差し出したユウ。

「同期が活躍して嬉しいよ」

「リョウの企画書をいつも参考にしているよ」

そう言ってもらってどんなに嬉しかったか。あぁ。ユウは心のガソリン、勇気が満ちているんだな。


ボクの頭の中に、眉間にしわを寄せて舌打ちをしているツヨシと、穏やかで柔和な表情のユウの二人の顔が思い浮かんだ。なぜ二人はこんなにも違うんだろう。苦しみながら頑張り続けているツヨシと、力を抜いてすーっと目標達成しているユウ。

待てよ。確か、ドラさんは勇気の問題だと言っていたな。ドラさんによればツヨシは勇気がないから、焦っている。自分の存在価値に気づかないから、必死に自己否定して頑張っている。ブレーキを踏みながらアクセルを踏んでいる。

では、ツヨシは以前のボクのように自分が嫌いで、自信がなくておどおどしていたのだろうか。

いや。そんなことはない。いつも自信満々で人を見下すような態度で明らかにかつてのボクとは違うはずだ。ボクはドラさんに聞いてみようと思った。

「ドラさん。ツヨシの勇気が足りないというのがピンと来ません。いつもあいつは自信満々でボクのことなんて相手にもしていなかったはずです」

ドラさんはまたもや人差し指を突き出して「ビンゴ！」と叫んだ。

「それだよ、それ。アドラーはその態度を優越コンプレックスと呼ぶ。人を見下して、強いふりをする。それは強い劣等感の裏返しなんだ」

「本当に自信があり勇気に満ちた人はそんなことをしない。金持ちケンカせず。余裕しゃくしゃくで人に優しく接することができるんだよ。ツヨシ君は強いんじゃない。強いふりをしているんだ」

ボクは思った。自信満々のツヨシと自信がなくておどおどしていたボク。実は二人は同じ穴のむじなだったんだ。二人とも勇気がなかった。表現は真逆だったけど。

「じゃ、じゃあ、ユウはなぜ、あんなに余裕しゃくしゃくで優しくリラックスしているんでしょうか。ユウはどうやって心のガソリン、勇気を補充しているんでしょうか」

「ボクがドラさんから教えてもらったように、ユウも自己否定をせず、嫌な気持ちを多面的にポジティブにリフレーミングをして、ボクと同じようにやっているんでしょうか？」

ドラさんはまだセミが鳴いているというのに、早くもスリーピースを着込んでいる。額には汗が流れ、真ん中分けの髪の毛がベッタリとこびりついている。しかし、そんなことにお構いなくベストの胸ポケットにびっしりと五、六本刺さったボールペンのうちの一本を抜き出してクルクルと回しながら答えた。

「いや、恐らくユウ君はその程度のことは子どもの頃からごく自然にしていることだろう。恐らくご両親の影響じゃないかな。だから、自分が自分を勇気づけていることにさえ気づいていないだろう」

「彼にとっては、あまりに当たり前のことだからだ。そして、ユウ君は、さらに次のステップにまで行っている。それは何かわかるかい？」

ペンを指にはさんで両手の平を肩まで持ち上げて首をすくめた。目の玉をクリクリと転がしていたずらっ子のように首を傾ける。

「え？　自分を勇気づけることの次のステップ……。何でしょう？　わかりません」

ドラさんは得意げにペンをくるり、くるり、と二回まわして、ボクを楽しそうにじらしてから、ゆっくりと口を開いた。

「自分を勇気づける、次のステップ。それはね、相手を勇気づけること、だよ。リョウ君。キミはユウ君から勇気づけられたのではないかね？」

たしかにその通りだ。ユウはボクが二位になったことを自分のことのように喜び、ボクの企画書を認めてくれた。ボクはあのとき、たしかにユウに勇気づけられた。

「リョウ君。いいかい。このことをよぉく覚えておくといい。相手を勇気づける。すると、自分も勇気づけられるんだ。これはね、自分で自分を勇気づける以上に大きな勇気づけになるんだ」

「勇気とは困難を克服する活力だ。それはね『自分は相手に貢献でき、誰かの役に立つことができる。自分には価値があり、能力がある』そう思える状態だ」

「キミが誰かを勇気づけているとき。おそらく相手はこう思うだろう。『自分には能力があり、価値がある』。そして表情がパッと明るく輝くだろう。すると、それに連られてリョウ君、キミまでも表情が輝くだろう。なぜならばキミは『自分は相手の役に立っている』と強く実感できるからだ。相手を勇気づけたとき、その瞬間に、実はキミも勇気づけられているんだ。相手を勇気づけると自分も勇気づけられる。勇気は循環するんだよ」


あっ。そうだったのか！　ユウはたくさんの人に優しい言葉をかけ、人を勇気づけている。そして、そのことで自分自身が勇気づけられている。だから、彼の心にはたっぷりとガソリンが入っているんだ。

そうか。そうだったのか。ユウはなんて素晴らしい循環をつくっているんだろう。相手を幸せにし、自分も幸せになる。あぁ、ボクはユウのようになりたいな。

そのとき、再びツヨシの顔が頭に浮かんできた。一方で、ツヨシはどうだろう。ボクに舌打ちをし、渋々握手をして嫌な顔をしていた。ボクはあのとき、ツヨシに勇気をくじかれ、心のガソリンを減らされた。

では、ツヨシのガソリンはどうだろう？　増えたのか？　減ったのか？

そうか！　ツヨシの勇気もきっと減ってしまったに違いない。ツヨシだってバカじゃないから気づいている。ユウのように素直にボクを祝福できないスネた自分を恥じている。後悔しているはずだ。そして自分の勇気までも減らしているにちがいない。

相手を勇気づけると自分も勇気づけられる。そして、相手の勇気をくじくと自分の勇気までくじかれる。相手を勇気づけるプラスの循環。相手の勇気をくじくマイナスの循環。なんて両極端、なんて正反対な関係だ。ボクは絶対にユウのようにプラスの循環をもたらせるようになるぞ。強くそう思った。

そして、気づいた。

「ドラさん……。そういえばドラさんも……」

ドラさんもプラスの循環を回している。ドラさんはボクをはじめ、毎日たくさんの人を勇気づけている。そして、それによりドラさん自身も勇気づけられている。

ドラさんの心にはたっぷりとガソリンが入っている。だから、あんなにいつも楽しそうに、目をクリクリとさせて。憎めない、愛されキャラになっているんだ。そうか、そういうことだったのか！　ボクは思わず、ドラさんのほうを振り向き叫んでいた。

「ドラさん！　わかりました！　ボクも相手を勇気づける人になります！　プラスの循環に、ボクも仲間に入れて下さい！　……あっ、電話中……。ごめんなさい……」


なんと、いつの間にかドラさんは携帯電話で誰かと真剣に話し込んでいるではないか。ボクは大声を出したことを謝った。そして、今まで見たこともないような深刻な表情に驚いた。ドラさん、こんな表情をすることがあるんだな。いったい何が起きているんだろう……。ドラさんはボクに気づかずに話し続けている。

「そうっちゃけど、どげんもしようがなかたい。近いうち、福岡に帰るけん。……あ

「あ、うん。仕事中やから、切るばい」

「ドラ……さん。大丈夫ですか。何かご家族に？　……」

ドラさんは、くるりと振り向くと同時に満面の笑顔をつくった。それは、笑顔になる、というよりは「つくる」という感じだった。何だかいつものドラさんじゃない。

「いや、何でもない。リョウ君が気にすることじゃない。そんなことより、いいかい。キミに宿題を出そう。一日一つ、毎日誰かを喜ばせるんだ。勇気づけの声をかけてもいい。仕事を手伝ってもいい。笑顔を向けてもいい。感謝の言葉を伝えてもいい。毎日、誰かの心にガソリンを入れるんだ。それがキミの宿題だ。いいかい？」

「は、はい。やってみます」

ドラさんのことが少し心配ではあるけれど、ボクはドラさんからもらった新しい宿題をやってみることにした。

［ドラさんの宿題］

毎日誰かを喜ばせる

「毎日誰かを喜ばせる」ことは「共同体感覚」を育むこと

アドラーは著書『性格の心理学』（アルテ）の中で次のように「共同体感覚」の見分け方を述べています。

「どれほど喜んで他者を援助し、促し、喜ばせる用意があるかを調べれば、人の共同体感覚を容易にはかることができる」。また『人生の意味の心理学』（アルテ）の中で、

「すべての誤り（中略）が誤りであるのは、共同体感覚を欠いているからである」

「私の努力のすべては、患者の共同体感覚を増すことに向けられている。（中略）仲間の人間に、対等で協力的な立場で、結びつくことができればすぐに治癒する」とその重要性に言及しています。さらに、

「何度も何度も個人心理学（アドラー心理学）は『共同体感覚』と『勇気』という標語を示さなければならない」

と「有益な人」になるためのヒントを示しています。

本章でドラさんがリョウ君に命じた宿題である「毎日誰かを喜ばせる」とは、まさに「共同体感覚」を発展させることそのものであります。「自分自身を勇気づける」という最初のステップを卒業したリョウ君はいよいよ「相手を勇気づける」という次のステップへと進んでいきます。リョウ君の挑戦が続きます。

第八章

誰かを喜ばせようとしても、
無視されたりバカにされるんです

［**ドラさんの宿題**］
相手からの見返りを求めずに、まずは自分から始める

「いったい誰？」

朝一番だというのにリカが大声をあげた。

「給湯室のコーヒーカップ。今朝まとめて洗おうと思っていたのに、いつの間にか全部洗ってあるのよ。誰がやってくれたのかしら？」


まさか、こんなに注目されてしまうとは。ボクはおずおずと問いかけに答えた。

「ご、ごめん。リカ。ボクだよ。まずかったかな？　洗い方が悪かったら謝るよ」

「えー？　リョウ？　リョウが洗ってくれたの？　マジー？　キャー、嬉しい！」

リカが突然ハグしてくれた。あっ。リカの細い骨張った肩がボクの鎖骨のあたりにぶつかる。心なしか前回よりもハグの力が強いような気がする。気のせいかな。

しかし、ドラさんの宿題「毎日誰かを喜ばせる」は、なんて素晴らしいんだ！　リカを喜ばせるとこんなにステキな特典がついてくるのか。


「ほぉ。リョウ、やるじゃん。オレのも洗ってくれたのか。サンキュー」

ハグはないけどハヤト先輩も喜んでくれた。誰かの役に立ち感謝されるってこんなにすがすがしいのか。ドラさんの宿題はいつもながら効果抜群だなぁ。

そう思っていると、後方からとげとげしい視線を感じて振り向いた。


見ると、ボクたちの二つ隣、三課の島に座っているツヨシがこちらを睨んでいるではないか。「チッ」遠くからでもはっきりと舌打ちの音が聞こえた。

あっ。もしかして……。

ツヨシは続けて周囲に一言二言つぶやき、全員がドッと笑った。そのうちの何人かがボクのほうを見てずっとニヤニヤしている。まずい……。きっと彼らはボクをバカにしているに違いない。得点稼ぎのエエカッコしい。きっとそう言っているんだ。

あぁ、余計なことをしなければ良かった。下手に目立つとろくなことがない。


では、うちの課のメンバーはどうだろう。ボクはあわてて同じ島のみんなをグルリと見た。これだけコーヒーカップのことが騒がれているというのに、後輩のイチローはまったく知らん顔でパソコンに向かっている。

ボクが昨晩洗ったカップの中に「イチロー」と大きくマジックで書いてあるものも

あった。あいつ、後輩のくせに、先輩のボクに感謝の言葉も寄越さないなんて。ボクはますます暗い気持ちになった。


その日ボクは外出がなく、終日社内で事務作業だった。だから余計にクヨクヨと同じことばかり考えてしまう。

「余計なことをしなければ良かった」

そんなことを考えているうちに、あっという間に一日が過ぎてしまった。もちろん、仕事はちっとも進んでいない。

ええい、今日はもう帰ってしまおう。もう「誰かを喜ばせる」なんてやめよう。そう決心してボクは荷物をまとめた。

「今日は早く帰ります。お先に失礼します」

努めて元気な声を出す。

おっ早いな。先輩が言う。構わず帰ろうとしたところで、机の上に置きっぱなしになっているマグカップに気がついた。

ボクはそれを手に取り給湯室へと向かった。洗い場にはずらりとカップが並んでいる。心苦しかったが、あえて自分のカップも洗わずに、そのまま置き去りにして帰ることにした。

「今日はカップを洗わないのかね？」

エレベーターホールのベンチに座ったドラさんが大きな声をあげた。いつものように床まで届かない短い足をぶらぶらさせている。ボクは心の中を見透かされたようで恥ずかしくなり、言葉にならない言葉を口の中でごにょごにょとつぶやき、ごまかそうとした。

ドラさんは一切構わずに続けた。

「『人の目ばかりを気にしている人は、自分のことしか考えていない人である』アドラーの言葉だよ。リョウ君。キミは今日一日中ずっと人目を気にしていたね。ツヨシ君やイチローやみんなの目だ。キミは自分のことばかりを考えていたんだね」

ボクはドラさんから責められているように感じて言葉が出てこなかった。そんなボクにお構いなしにドラさんはベンチから飛び降りてエレベーターのボタンを押した。

「リョウ君。待っていたよ。途中まで一緒に帰ろう」

ドラさんの提案でボクたちは、少し遠回りして日比谷公園を歩き、最寄りの東京駅から二つ隣、新橋駅から帰ることにした。

十月の初旬、夕方五時半を過ぎたら、もう外は真っ暗だ。空には白い月が見える。ボクとドラさんはなんとなく噴水広場のベンチに座った。噴水が赤や緑にライトアップされ、次々と色が変わっていく。

「リョウ君。人の気持ちは様々だね。あの噴水を照らす七色のライトのようだ」

ボクはリカのハグとハヤト先輩の笑顔を思い出し、次いでツヨシの小馬鹿にしたような表情、そしてイチローの冷たい横顔を思い出した。

たしかに七色のライトだ。

「アドラー心理学ではこう考える。人は弱い動物だ。牙も鋭い爪もない。だからこそ、助け合い協力しあわねば生きていけない。自分一人だけ良ければいい、と考える人は生きていけないんだ」

「だから、ボクたちにとって誰かの役に立つ、つまり貢献することが最も大切だ。そして、貢献ができたとき、ボクたちは社会の中に居場所が見つかり安らぎを感じる。アドラー心理学ではそれを『共同体感覚』という。つまり自分のことと同じように相手や共同体を大切にする感覚だ。それを育てることこそがまさに、ボクが出した宿題『毎日誰かの役に立つ』ということさ」

さすがはアメリカ帰りだけのことはある。こうしてドラさんに論理的に説明されるとボクは素直に納得してしまう。

しかし、だ。理屈はその通りかもしれないけれど、ツヨシやイチローはそれを受け容れなかった。ボクは拒絶されたんだ。

ボクはドラさんに食ってかかった。

「それはわかりますけど。でも、ツヨシはそんなボクをバカにして笑い者にしました。イチローは、まったくの知らんぷりです。『共同体感覚』とやらが大切なのはわかりますけど、ボクの独り相撲では成り立たないのではないですか？　感謝もされずバカにされるくらいなら、やらないほうがマシです」

ふと見ると、十月だというのにドラさんは額に玉のような汗をしたたらせていた。

眼鏡がくもり、スリーピースのスーツの背中にはびっしりと汗じみができていた。だが、ドラさんはそんなことにまるで気づかないかのように熱弁をふるった。

「それだよ、それ！『共同体感覚』で大切なのは、それなんだ。独り相撲でいい。いや、むしろ独り相撲でなくてはダメなんだ。相手からほめられ、認められることを求めてはいけない」

「相手には相手の考え方がある。喜び感謝する人もいれば、余計なお世話と拒絶する人もいる。噴水のライトのように人それぞれ七色の光だ。全員から感謝されることなんて不可能なんだよ。もしも全員に喜ばれようとすれば、相手の顔色をうかがってばかりで、貢献なんてできっこない」

「だからね。拒絶されても、バカにされても、無視されてもいいんだ。キミがキミなりの善意で『相手のため』と信じて行動したのであればそれでいいんだ。独り相撲でいいんだよ！」

独り相撲でいい。拒絶されても、バカにされても、無視されてもいい……。そんな考え方があったとは……。

それが正しいのならば、ボクの心はどれだけ楽になるだろう。しかし、それでは自分勝手、押しつけや言い訳だらけになってしまわないだろうか。頭の中に次々と疑問が渦巻いている。

そんなボクの心を見透かしているかのようにドラさんは続けた。

「アドラー心理学では『それは誰の課題か？』という問いを大切にするんだ。リカに代わってみんなのマグカップを洗うか、洗わないか？　その結末を引き受けるのはキミ。だから、カップを洗うか洗わないかは、リョウ君の課題だ」

「でもね、リョウ君がしたことに対してリカやイチローやツヨシ君がどのように反応するか？　キミに感謝するか、点数稼ぎだと非難するか。それを決め、結末を引き受けるのはキミではなく彼らだ。だから、それは彼らの課題なんだよ」

「カップを洗うか洗わないかはリョウ君の課題。それにどう反応するかは、彼らの課題。こんな風に『それは誰の課題か？』を明らかにして、自分の課題だけに集中する、他人の課題を解決しない。アドラー心理学ではそれを『課題の分離』と呼ぶんだ」

「他人の課題に踏み込むから対人関係がうまくいかない。そして、他人の課題を背負うから苦しくなる。できないことをやろうとするから苦しいんだ。キミはキミの課題だけを考えればいいいんだよ！」

そうだったのか……。ボクが胸をかきむしりたくなるほど苦しかったのは、できないことをやろうとしていたからだったのか。

感謝されたい。認められたい。バカにされたくない。しかし、それらはすべてボクの課題ではなく、相手の課題だ。ボクが相手の心の中を変えることなどできるはずもない。できないことをやろうとするから苦しい。

ボクはドラさんの言葉を聞いているうちに、これまであった重荷が遠くへ消えてしまったように感じていた。もう、さっきのように苦しくない。

でも……。ボクは考えた。

ドラさんの言う通りに「課題の分離」ができれば、たしかに気は楽になるだろう。しかし、そうまでして「誰かを喜ばせる」必要などあるのだろうか。相手のために行動しても、感謝もされず、点数稼ぎだとバカにされる。そんなに損なことばかりあるのだったら、何もやらないほうがマシではないか。

そのとき、ドラさんが、噴水をバックにそっと立ち上がってボクの右手をそっと握りしめた。

逆光でドラさんの表情は見えない。しかしその背中からぼんやりと柔らかな白い光線がにじんでいた。ボクから見ると、ドラさんの影はまるでイエス・キリストの降臨のように見えた。ドラさんはそっとつぶやくようにこう言った。

「誰かが始めなくてはならない。見返りがなく、認められなくても。誰かが始めなくてはならない。まずは、あなたから始めるのだ。アドラーはそんな風に語っているよ。ボクはまさにその通りだと思う。リョウ君。だからね、キミが始めるんだ。見返りがなくても。誰からも認めてもらえなくてもね」

どこかで聞いたことがある言葉のような気がした。ボクはそれがとても大切なことのように思えて、必死に記憶の糸をたぐり寄せた。

そうだ。ドラさんに教えを受けた、かつてのボクの上司、山本課長からいただいたカードに書いてあった言葉だ。山本課長は、ボクが入社三年目で新人育成担当になったときに、このカードをプレゼントしてくれたんだ。

たしか、名刺入れに入っていたはず。えっと。胸ポケットの中……。ボクは右手をドラさんに預けたまま、左手でポケットをまさぐった。あった！

「ドラさん、ごめんなさい。ちょっと右手、失礼します」

ボクは右手を自由にしてから名刺入れを開いた。あった！　これだ！

カードの文字が暗闇にぼんやりと照らし出された。そこには「リーダーシップ逆説の10ヶ条」ケント・M・キースと書いてあった。たしか、その中にあった一節がドラさんの言葉に重なるような気がしたのだ。ボクは急いで目を走らせた。

「何か良いことをすれば、隠された利己的な動機があるはずだと人に責められるだろう。それでもなお、良いことをしなさい」

「人が本当に助けを必要としていても、実際に助けの手を差し伸べると攻撃されるかもしれない。それでもなお、人を助けなさい」

「世界のために最善を尽くしても、その見返りにひどい仕打ちを受けるかもしれない。それでもなお、世界のために最善を尽くしなさい」

あぁ。そういうことだったのか。「それでもなお」この言葉には何一つ理由は書いていない。そして、その行動を取ることのメリットも書いていない。きっとそんなものは、はなっからないんだ。「それでもなお」にメリットも理由もない。だからこそ「それでもなお」なんだ。

損得を越えた世界。
損を承知で一歩踏み出す世界。
誰かがそれをやらなくてはならないから。

それを正しいと思える人が始めなくてはならないのだ。

山本課長の言葉が耳によみがえってきた。

「誰かがやらなくてはならないけれど、誰もやろうとしないこと。それをやるのがリーダーだ。リョウ君。キミはいつかリーダーになる。だからこのカードを大切に持っていなさい」

「ボクがかつてドラさんからプレゼントされた言葉だ。これまで、私がどれだけこの言葉に勇気づけられてきたことか。リョウ君。いつかきっとキミにもわかる日が来るよ。だから大切にしておきなさい」


ドラさんの黒い影がじっとカードを見ているように感じた。逆光で表情が見えないから正確にはわからない。けれど、声だけはハッキリと聞こえた。

「リョウ君。キミが始めるんだ。キミはいつかリーダーになる。そしてボクは……」

その後は聞こえなかった。ドラさんは、あえて言葉にしなかったのかもしれない。

その後、ボクはドラさんに促されて新橋駅へと向かった。途中、ボクはドラさんと、もっと話したい、話を聞いていたい、と思ったけれど、ドラさんの表情は硬く、そんなことを言い出せるような雰囲気ではなかった。

「じゃあ。気をつけて。お疲れさま」

改札の前でドラさんはそう言って、ボクの手を握った。そして、ボクの目をじっと見つめて、小さな声で「頼んだぞ」と言った。

えっ？　どういう意味ですか？　ボクの問いかけを聞いているのかいないのか、ドラさんはそのまま背中を向けてすっと改札に吸い込まれていった。そして、それから一度も振り返らずに人混みの中へと消えていった。

今回の宿題はいったい何だろう。ドラさんはボクに何も伝えてはくれなかった。しかし、ドラさんの言いたいことはよくわかった。ボクは自分に言い聞かせるように声に出して言ってみた。

「相手からの見返りを求めずに、まずは自分から始める」

ドラさんが言いたかったことは、それに決まっている。

よし。自分で宿題を出して、自分で守る。やってみようじゃないか。ボクは、ドラさんと過ごした日比谷公園での一時間で少し大人になったような気がしていた。

［ドラさんの宿題］

相手からの見返りを求めずに、まずは自分から始める

支配しない。服従しない。二つの課題の分離

アドラー心理学では対人関係の基本として「課題の分離」を大切にします。「それは誰の課題か？」という問いを大切にし、相手と自分の間に境界線（Boundary）を引きます。そして境界線を自分が踏み越えたり、相手に踏み越えさせたりしないようにするのです。

本来、相手が決めるべき相手の課題に土足で踏み込むことを「支配」と呼びます。また、逆に本来は自分が決めるべき自分の課題に、相手を土足で踏み込ませ、それを許容するばかりか、言い分に従ってしまうことを「服従」と言います。また、自分に対する相手の反応や顔色を過剰なまでに気にしすぎて、本意ではない行動を取ることもまた「服従」の一種と言えるでしょう。アドラー心理学では「支配」も「服従」も共に望ましくない行動である、と考えます。

本章でリョウ君は相手の反応を過剰に気にしすぎて、自らの本意である「カップを洗う」ことをやめてしまいます。つまり「服従」をしてし

まいました。それは「課題の分離」ができていない証拠。このままでは、リョウ君は自分の人生を生きることができず、他人の期待に応える人生を生きていくことになるでしょう。ドラさんは、それを指摘しました。

さて、リョウ君は今後、どのような行動を選択していくのでしょうか。

■図4　課題の分離——「支配」と「服従」

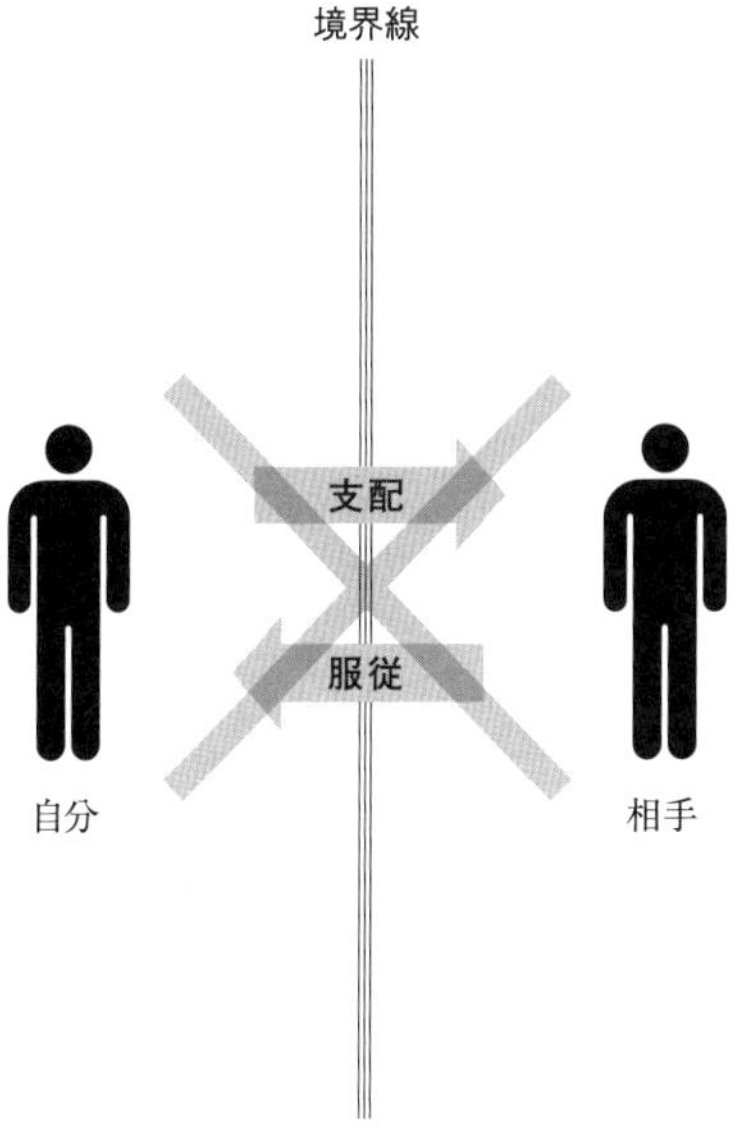

第九章

自分の意見だけでなく、存在までも否定された……

［ドラさんの宿題］

自分と異なる意見を攻撃と見なさない。

相手と異なる意見を言うことを恐れない

課の定例会が終わり会議室を出ようとしたときに、ドラさんがボクに話しかけてきた。重要な話のようだが言葉の意味がわからない。ボクは思わず大声で聞き返してしまった。

「タスクフォース・プロジェクト？　何ですか、それ？」

ボクは頭の中でドラさんが板前の格好をして「タスキ」がけをしている姿が浮かんだ。しかし、それが意味するところと違うことぐらいは、いくらボクでもすぐにわかった。

ボクが不思議そうな表情をしていると、ドラさんが助け船を出してくれた。

「タスクフォース！　アイ　ミーン、部門横断で一つの課題に対してプロジェクトを組むことをそう呼ぶんだよ。リョウ君。アクチュアリー、ユーが我が一課の代表として選抜されたよ。アイ　ミーン…… ユーは誇りに思ってほしいよね！」

タスクフォースなんちゃら、という英語の話題になったからだろうか。アメリカ帰りのドラさんの英語スイッチが入ったようだ。普通の人にこんなことを言われたら

「アメリカかぶれ」の嫌みなやつに思えるだろう。しかし、ドラさんだとなぜか憎めない。

そういえば、九月末にボクが営業成績二位で表彰されてから、周囲の目が明らかに変わってきたのを日々感じている。今回の抜擢もその一環だろう。

どうやらボクは「できるやつ」と見られ始めたようだ。少し嬉しく思うと同時に、背筋の伸びる思いがした。

「は、はい。わかりました。で、プロジェクトのテーマは何でしょうか?」

「広告業界は慢性的な長時間労働とサービス残業問題を抱えている。プロジェクトのテーマは、売上を落とさずに残業を削減することだ。リョウ君。経営は本気だよ。目先のごまかしではなく、抜本的な解決をしなくてはならない」

「そのために、各部署からエース級が選抜されて課題解決をすることになった。キミはそのメンバーに選ばれたんだよ! ユー ノウ ワット アイ ミーン?」

ドラさんはいつものように両手の平を上向きに拡げて肩の上に持ち上げた。もう慣れっこになっているので、ボクは突っ込みもせずに無視をした。そして考えた。

残業が多いことはこれまで何度も問題視されてきた。しかし、経営が有効な解決策を打てなかったのが実情だ。

これまでは定時に無理矢理タイムカードを押させ、「サービス残業」を野放しにし、お茶を濁してきたのだ。それにメスを入れるのは容易なことではない。このプロジェクトは手強いぞ。ボクは改めてそう感じた。

「リョウ？　ヘイ！　ユー！　バキューン！　ビンゴ！」

もはやドラさんが何を言っているのか、さっぱりわからなかった。ボクは彼を軽くいなしながら、頭の中は既に、どうやって残業問題を解決しようかと考え始めていた。

「リョウ！　今日もカップ洗ってくれたのね。ありがとう！」

と、そこにリカが突然割って入ってきた。話題はまったく違うがお構いなしのようだ。

「私、リョウみたいな優しい人を旦那さんにしたいな。なんだか大切にされているって気がするの。ね、リョウ！」

そう言ってリカがボクの腕を取った。気のせいだろうか。最近リカからボクへのタッチがやたらと多い。ボクはそれが抜擢されたことの数倍も嬉しくて、心臓がドキドキし、頬がつい緩んでしまう。そしてあわててそれを隠そうとして余計変な表情になった。

「ヒュー！　ヒュー！　お二人さん、熱いね！　熱いね！」

ドラさんは一人でピストルを撃つポーズを繰り返していたが、突然、ふと我に返ったように冷静になり、こう話し始めた。

「リョウ君。キミは『課題の分離』ができるようになったんだね。キミはもう他人の目を気にせずに、自分の信念に基づいて行動できるようになった。そのすがすがしい表情を見ればわかるよ。おめでとう！」

ドラさんがおっしゃる通り。ボクは「誰かを喜ばせる」際に、感謝されたり認められたりするという見返りを求めないことにした。まさにドラさんの言うところの「独り相撲でいい。独り相撲のほうがいい」を実践するようにしたわけだ。

ツヨシからバカにされたって結構。イチローから感謝の言葉がなくたって結構。彼らがどう思うかは「彼らの課題」だ。ボクの課題じゃない。それに、彼らにダメ出しをされたからって、それでボクがダメな人間とは限らない。だから、それについては考えないようにしているんだ。

ボクは自分の信念に基づいて行動しているだけだ。それが受け容れられなくたっていいじゃないか。

そう考えるようになってから、心がすっと軽くなったのを実感している。そして「誰かを喜ばせる」ときだけに限らず、あらゆる面で「心のブレーキ」が外れて、スイスイってできるようになったのだ。

例えば飲み会に誘われても、気軽に断れるようになった。以前は嫌われてしまうのが恐かった。でも、それはボクの課題ではない。だから今はサクッと「今日は帰るね」と言えるようになった。これはまったく驚くべき進歩だ。

そして、電車の中でお年寄りに席を譲ることが恐くなくなった。以前は「断られたらどうしよう……」「いい人ぶっているやつだと思われたらどうしよう……」と人の目ばっかりを気にして行動できなかった。

でも、今ならば、できる。断られたっていい。「年寄り扱いするな！」と怒られたっていい。それを決めるのはおじいちゃん、おばあちゃんの課題。ボクの課題じゃない。そして、周囲の人から、かっこつけているやつだと思われたって、知ったこっちゃない。それもボクの課題じゃないからだ。

そんな風に「課題の分離」を考え方の基本に置いてから、ボクの行動はどんどんと増えていった。ためらうことがなくなった。人の目を気にしなくなったからだ。

「そういえば、最近のリョウ、精神的にたくましく見えるよ。芯が太くなったというか、大地に根を張っているっていうか。うーん。何だかわからないけど、とにかくステキ！」

さっき離れたばっかりなのに、リカがまたボクの腕を取った。しかし今回はドギマギしなくて済んだ。リカに対しても少しずつ平常心でいられるようになってきたのかなぁ。

「あ、リョウ君。一つ、伝え忘れていたけれど」

ドラさんがせっかくのボクらのやりとりに水を差した。

「一課からはリョウ君。二課からはユウ君。三課からはツヨシ君がそれぞれメンバーとして選ばれている。そのほかに経理や人事、クリエイティブからも何名かが選抜されている。豪華な顔ぶれ、オールスター・キャストだな。プロジェクト、しっかり頼んだぞ」

ドラさんはそう言って会議室へと入っていった。そうか。ツヨシとユウもメンバーに選ばれたのか。ボクは知らず知らずのうちに奥歯を強く噛みしめていることに気がついた。


その日、プロジェクトは早くも三回目に突入していた。話題は核心に入っていった。

「で、どうなの? 一番残業が多い営業さんは? リョウ君はどうしたらいいと思う?」

プロジェクト・リーダーの人事部マサムネ課長がボクに意見を求めてきた。

「はい。ボクはこれまでのようなつじつま合わせじゃなくて抜本的に正面から取り組む必要があると思います」

「ほぉ。抜本的ね。で、抜本的って何よ？」

「はい。『残業を減らす』のではどうしてもつじつま合わせになってしまいます。そうではなく『業務を減らす』ことで効率をあげる。理想論かもしれないけど、そこに取り組まなくちゃならないと思います」

「なくしてもいい業務、売上につながらない業務をとことん洗い出して、思い切って捨てていく。それがこのプロジェクトの鍵だと思うんです」


マサムネ課長は深くうなずきながらこう言った。

「なるほど。たしかにリョウ君の言う通りだ。それこそがまさに本質だ。しかし、それは一番難しいことでもある。リョウ君はその険しい道をあえて登ろう、そう言うんだね」

ボクはマサムネ課長がわかってくれたのが嬉しかった。そして、彼がボクを見るまなざしの中に、

「リョウ君、それでいい。頑張るんだ」

という応援の気持ちを感じた。と、そのとき。「ケッ！」というバカにしたような声が聞こえた。

あ。ツヨシだ。またボクの発言にナンクセをつけるつもりだ。

「それは単なる正論だね。これ以上減らせる業務なんてあるわけがないだろう。もし現状よりも仕事を減らしてしまったらサービスの質が落ちて、あっという間にライバル会社にお客さんを奪われてしまう」

「残業を減らすのではなく業務を減らす、なんて耳触りがいいだけの理想論だ。業務を減らしたら大変なことになるのをわかっていないんだ」

なんだとぉ。人の話を攻撃しやがって。ツヨシから否定され、ボクは意見だけでなく自分の存在自体までもが全否定されたように感じた。ちくしょう。言い返してやる。

ボクはすぅーっと息を吸った。

するとと、ボクが話す前にスルッとユウが入り込んだ。

「なるほどねぇ。そうか。ツヨシはそう考えているのかぁ。なるほどなぁ」

ボクとツヨシの険悪なムードが途端にふっと消えていくのがわかった。ユウはツヨシの意見を否定するでもなく肯定するでもなく「なるほどぉ」と繰り返していた。それを聞いてツヨシも少し落ち着いたようだ。

「そうなんだよ。ユウもわかるだろう。リョウの言っていることは現場をわかっていない単なる理想論にすぎないんだ」

なんだとぉ！　自分だけがわかったような口をきくな！　言い返してやる！

そう思ったところへ、またもやユウがスッと割り込んでボクたちの緩衝材となった。

「なるほどねぇ。ツヨシは『減らす業務なんてない』と思っているんだね。『これ以上減らしたら質が低下して、ライバル会社にクライアントを奪われてしまう。だからサービスのレベルを落とせない』そう考えているんだね？」

「そ！　そう！　まさに、そうなんだよ！　ユウ。さすが、おまえはよくわかっているなぁ」

ツヨシの表情が一層柔らかくなり、ユウと理解しあっているのが見えた。

なんだと？　ユウはツヨシの味方なのか？

ツヨシのレベルの低い感情論につきあって本質を見失うなんて。ボクはユウのことを見損なっていたようだ。ボクが歯噛みをしている間も二人の会話は続いていた。

「ツヨシ君。キミの気持ちはよくわかったよ。たしかにツヨシがそう思うのもよくわかるなぁ。ところで、ボクの考えも話してもいいかな？」

ユウがソフトに言うとツヨシは、もちろん、と答えた。

「ありがとう。ボクの考えを言わせてもらうね。ツヨシの意見とはちょっと違うんだけどね。ボクはね、実はリョウとまったく同意見なんだ。ボクたちにはまだまだ減らせる仕事がたくさんある、と思っているんだ。それを一緒にリストアップしてみたらどうだろう？」

「そのうえで『いや、この仕事はなくせない！　どうしても減らせない！』というならその場で判断していけばいい。そんな進め方でどうだろう？」

ボクは唖然として開いた口がふさがらなかった。なぜならば、ユウはてっきりボクの敵で、ツヨシの味方だと思っていたからだ。それがくるりとひっくり返ってボクの意見に賛成だなんて。ボクは狐につままれたような気分になっていた。

それともう一つ驚いたことがある。

それは、ユウもボクと同じく、ツヨシの意見と対立しているはずなのに、彼の話し方はとても滑らかで、上品で、ツヨシを一切否定せず、なんというか、きちんと相手を尊重しているのがわかったからだ。

そのくせ、迎合はしない。押しつけず、きちんとスマートに自分の意見を言う。しかも、ツヨシの気持ちに寄り添いながら。

そうか。こんな話し方があったのか。ボクにとって、ユウの話し方は、ものすごく衝撃的なものだったのだ。

ボクが憧れのまじったうっとりした目線でユウを見ていたからだろう。離れた席で会議をオブザーブ（見学）をしていたドラさんがまたもやニヤニヤしているのが見えた。

ドラさんは、あたかもこう言っているようだった。

「どうだい？　リョウ君。ユウ君のやり方を見たかい？　ちゃんと勉強するんだよ。キミも早くこんな風に話せるようになりなさいよ！」

ボクは考えた。ユウの話し方は、普通の人とどこが違うのだろうか？　と。

そうか！　わかったぞ。ユウはツヨシの意見に「同意」はしていない。なぜならばボクの意見のほうに賛成だからだ。

しかし、自分と異なる意見に「共感」していた。

「なるほど！　ツヨシはそう考えているんだね！」

と、主語を相手にして共感していたのだ。そして、自分の意見は変えなかった。主語を今度は自分にして、相手と違う意見を堂々と述べていた。

ツヨシは、自分がしっかりと聞いてもらえたものだから、お返しとばかりに「うんうん」とうなずいてユウの意見を聞いていた。ツヨシの表情はとても素直で小学生のように見えた。少なくともボクに対する反応とは雲泥の差だった。

ボクは頭の中を整理してみた。そうか。ボクがやろうとしたステップは、
①反対　②意見　という順番だった。
一方でユウ君がやっていたステップは、
①共感（同意ではない）　②提案　という順番だ。
ボクは①が反対から始まっている。ユウは①が共感から始まっている。この差は大きい。


ボクにはこの会話のインパクトがあまりに強すぎて、この後、プロジェクトがどのような話の流れになったかをまったく覚えていなかった。

ただ、ユウの「同意しないけど共感する」という聴き方、話し方を忘れないように、頭の中に刻み込もうとしていた。なので、会議室から帰る途中でドラさんから何度も話しかけられていることにまったく気づかなかった。

「リョウ！　リョウってば、ちょっと！　さっきからドラさんが何度も呼んでいるよ」

ユウに肩を叩かれてようやく気がついた。ドラさんがボクを追いかけてあたふたと走っているのがわかった。ボクは申し訳なく思った。

「ふぅー！　ようやく追いついたぞ！　リョウ君。キミはわかったかね。ユウ君の話し方。彼は『同意』せずとも……」

ボクはドラさんの言葉にかぶせてこう続けた。

「『共感』する、でしょう？　いやぁ、ユウの話術はすごいなぁ。意見が違うのに共感をバッチリするんだもの。だからツヨシはもちろん悪い気はしないですよね。あっという間に二人の間には信頼関係が築かれた」

「その後で『ボクの意見を言ってもいいかなぁ？』そして、ようやく自分の意見を言う。すると、相手も気持ちよく聞いてくれる。『対立』ではなく『対話』がなされていました。ボクもこのやり方をぜひ取り入れてみたいと思います！」

ドラさんはボクに話の腰を折られてショボンとしていたが、すぐに立ち直りみるみる目を輝かせた。

「さすがリョウ君。もう、そこまでわかるようになったのか。驚くべき吸収力だな。まさにキミの言う通りだ。『共感』こそが『共同体感覚』の証だ」

「そしてそれは同時に相手に対する『勇気づけ』でもある。だからツヨシ君はユウ君の意見に対して素直に耳を傾けたんだね」

そして、いつものバキューン！　というピストルを撃つ真似をして続けた。

「人と人の間には常に『返報性』が働くんだ。相手から優しくされたら『ご恩返し』というポジティブな返報性が働く。しかし、相手から攻撃されたら『復讐』というネガティブな返報性が働く」

「まさに『相手の行動は自分の鏡』だ。だからこそ、たとえ自分とは違う意見であったとしても、それを尊重して『共感』する。それをユウ君は辛抱強く続けていたからこそ、二人の間に信頼関係が生まれ『対話』が成立したんだね」

なるほど。「返報性」か。そういえば、以前読んだ本にも載っていたな。

ドラさんは早足に加えて時々小走りになりながらボクのスピードに合わせて歩き、話を続けた。

「ユウ君は『自分と異なる意見を攻撃と見なさない』という原則を守っていたね。だから、自分と違う意見を恐れなかった。そしてもう一つの原則である『異なる意見を言うことを恐れない』もしっかりと守っていたね」

「この二つの原則はまさに『課題の分離』の応用そのものだ。リョウ君、キミもぜひ身につけるべき考え方であり、話し方だ。それを具体的に体系化したのが、キミが整理してくれた①共感　②提案　という順番だ。ボクが教えるまでもなく、キミは自分で理解できるようになったんだね」

そしてドラさんは、さびしそうに小さくため息をついてから急に立ち止まり、ポツンと言った。

「もうボクがキミに教えることは何もないのかもしれない……。キミはキミのその感性で進んでいけばいい。いいかい。自分を信じるんだ。もう、他人の意見に惑わされてはいけないよ。キミの中にある良心を信じるんだ」

ドラさんが立ち止まったため、後ろから続いた人並みは、ドラさんをよけて半円を描くように迂回した。

ボクもあわてて立ち止まり、少し先からドラさんを見る。まるで、ドラさんが川に浮かぶ中州、両側を歩く人並みが流れる二本に分岐し再び合流する川のように見える。

ボクはドラさんから突き放されたような気がして、急にさびしさが押し寄せてきた。

「ド、ドラさん……」

声をかけると、同時に目の前にある大ホールのドアが開き、集会を終えた別の事業部のメンバーたちが大量に廊下に押し寄せてきた。背が低いドラさんは、あっという間に人波に呑み込まれて見えなくなった。そして、声だけが聞こえた。

「あっ、うっ。リョウ君！　宿題を忘れないでくれよ！『自分と異なる意見を攻撃と見なさない。相手と異なる意見を言うことを恐れない』キミならきっとできる！『課題の分離』はもう、キミのものだよ！」

ボクは人波に押し出されるようにして、階段へとたどりついた。もう、ドラさんがどこにいるかさえわからない。ボクはあえてドラさんを待たずに、たった一人で階段を登っていった。

［ドラさんの宿題］

自分と異なる意見を攻撃と見なさない。相手と異なる意見を言うことを恐れない

どちらの返報性を選ぶかは自分次第

返報性の法則とは、相手にしてもらったことを返したくなる心理を指します。相手からプレゼントを受け取ったら自分も返したくなる。これがポジティブに働くと「ご恩返し」という行動につながります。しかし、これがネガティブに働くと「復讐」につながります。相手から攻撃されたら攻撃仕返そうと思う報復の連鎖です（図5）。

しかし、アドラー心理学では、相手の行動を「親切」と捉えるか「攻撃」と捉えるかは本人次第、と考え、これを「認知論」と呼びます。そして、その判断の根本には「自己概念」「世界像」があると考えます（図6）。自己概念とは自分はどのような人間であるか、という信念です。世界像とは他人はどのような人間であるか、という信念です。もしも、自分は醜く劣っているという自己概念を持ち、他人は冷たく自分をバカにするという世界像を持っている人は、他人の些細な言動をすべて「攻撃」と見なすでしょう。しかし、自分は愛されており、周囲の人は味方

■図5　返報性

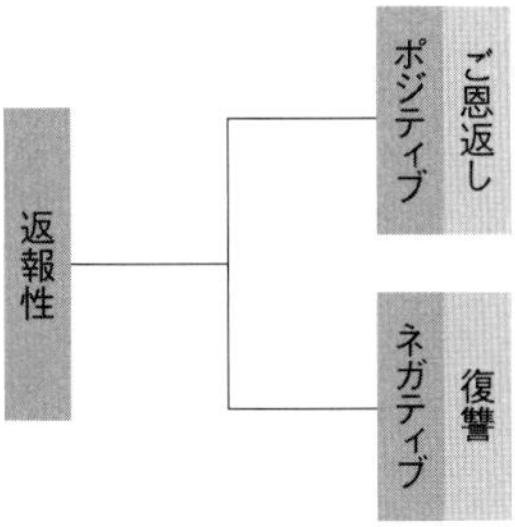

■図6　自己概念、世界像、自己理想

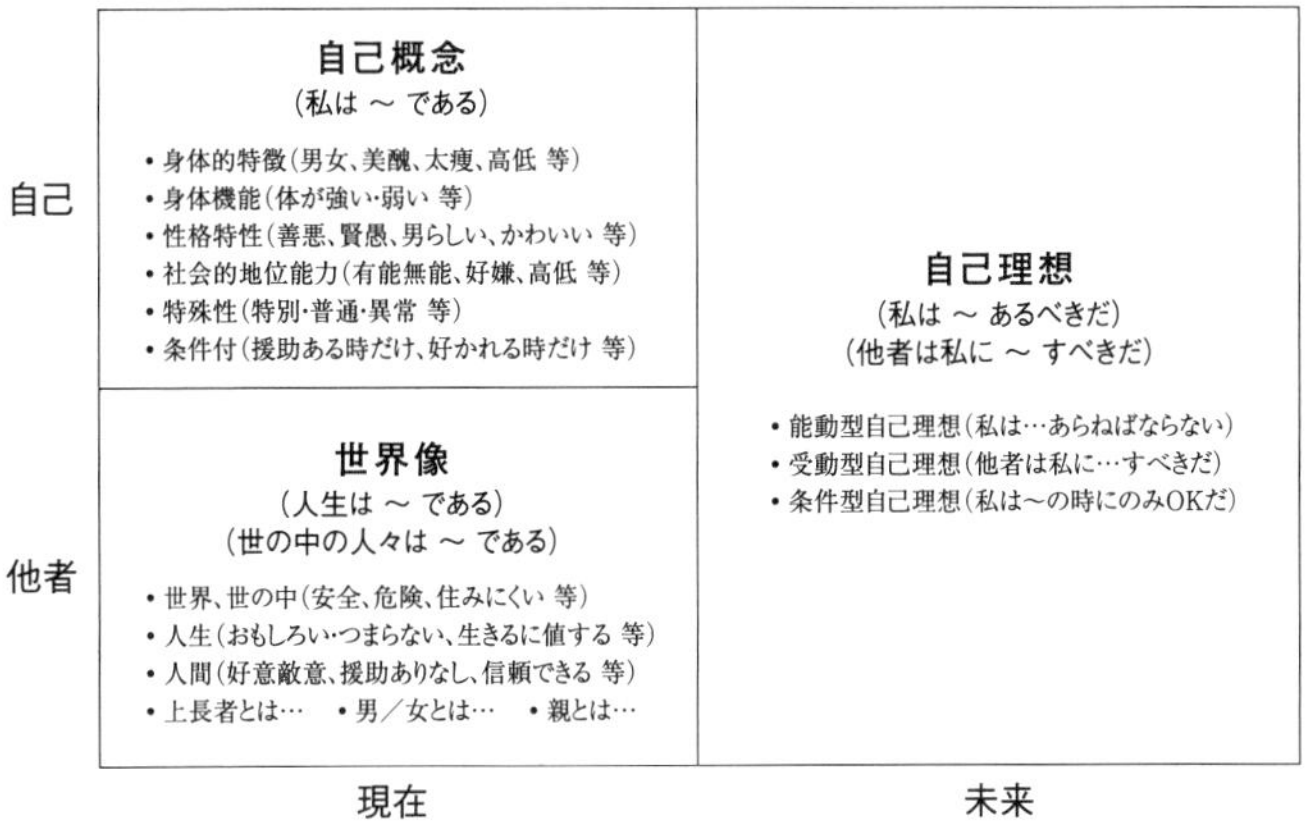

	現在	未来
自己	**自己概念** （私は ～ である） ・身体的特徴（男女、美醜、太瘦、高低 等） ・身体機能（体が強い・弱い 等） ・性格特性（善悪、賢愚、男らしい、かわいい 等） ・社会的地位能力（有能無能、好嫌、高低 等） ・特殊性（特別・普通・異常 等） ・条件付（援助ある時だけ、好かれる時だけ 等）	**自己理想** （私は ～ あるべきだ） （他者は私に ～ すべきだ） ・能動型自己理想（私は…あらねばならない） ・受動型自己理想（他者は私に…すべきだ） ・条件型自己理想（私は～の時にのみOKだ）
他者	**世界像** （人生は ～ である） （世の中の人々は ～ である） ・世界、世の中（安全、危険、住みにくい 等） ・人生（おもしろい・つまらない、生きるに値する 等） ・人間（好意敵意、援助ありなし、信頼できる 等） ・上長者とは…　・男／女とは…　・親とは…	

で自分を助けてくれるという信念を持っている人は、他人の言動をすべて「自分への親切」と見なすでしょう。

本章でドラさんはリョウ君に信念の持ち方をアドバイスしました。異なる意見を攻撃と見なしているのは、他者を敵と見なし、自分を劣った存在である、と考えている証拠です。もしも、他者を味方であると見なし、自分に価値があると思えれば、他者との違いを恐れなくなるでしょう。果たしてリョウ君の行動は変わっていくでしょうか。

第十章

目の前の人のため、が共同体感覚なんですか？

［**ドラさんの宿題**］
目先の共同体よりも、もっと大きな共同体を大切にする

ハッハッハッ。吐く息がかすかに白い。おでこと頬に当たる空気が冷たい。二週間ぶりに走る皇居のお堀端は秋の気配がますます色濃くなっているようだ。北の丸の銀杏はすっかり黄金色に変わり、路上に落ちて絨毯のように敷き詰められている。ジョギングシューズで踏みしめるとカサカサと乾いた音がする。

さあ、早くジョギングを終わらせて、急いで会社へ行かなくちゃ。今日は朝一番からプロジェクト会議がある。遅れるわけにはいかないぞ。

あれから、プロジェクトはユウとボクの提案通り「残業」ではなく「業務」を減らす方向で進み、ムダな業務の洗い出しが着々と進んでいた。営業、クリエイティブ、管理、それぞれに思いがけぬほどムダが見つかり、変革の実現はもうすぐそこまできていた。

しかし、それ以上に驚いたことがある。それは、ボクがユウから学んだ話し方、すなわち①共感　②提案　が、プロジェクトメンバー全員の共通言語になっていったことだ。誰が命令したわけでもないのに、みんなが自然とそうなっていった。

すると、不思議なものでドラさんがボクに課してくれた宿題までもがごく自然に達成されたのだ。

「自分とは異なる意見を攻撃と見なさない。相手と異なる意見を言うことを恐れない」

その目標がボク個人だけでなく、プロジェクト全体で達成されたのだ。ボクはこんなにポジティブな空気を体験するのは初めてだった。

気がつけばプロジェクトは明るく、活発な雰囲気に満ちあふれ、大きな成果が得られるのは間違いないように思われた。

ボクはユウをますます尊敬するようになっていった。同期入社で同じ年なのが嘘のようだ。しかし、年齢なんて関係ない。尊敬する相手から謙虚に学ぶんだ。ボクはそう思うようになっていった。

その手始めとして、ボクはユウのデスクに置いてある本を片っ端から買って読むことにした。そしてユウに頼んでお勧めの本をたくさん教えてもらった。驚くべきことにユウもまた、ドラさんと同じくアドラー心理学の本をたくさん読んでいることがわかった。
そして、アドラー心理学の考え方をすべての骨格としたうえで、それに極めて近い考え方であり、かつ具体的な技術であるアサーティブネス、コーチング、クライアント中心カウンセリングなどを学んでいることがわかった。ボクは空腹に耐えかねた犬が食事を貪るかのように、それらの本をガツガツと読んだ。

これまでボクはこの手の難しい本を読むのが大の苦手だった。しかし、なぜか今回は違う。驚くべきことに、ボクの頭に小難しそうな理論やカタカナがスルスルといとも簡単に入ってくるのだ。

「ドラさんのお陰だ！」

ボクにはすぐにわかった。これまでドラさんに直接教えてもらったこと、そして自分が体験したことがすべてそれらの本に書いてある。頭に入るのは当たり前のことだった。

ボクは本を読む前に「既に」学んでいたのだ。だから、すぅーっと体に入っていった。ボクは改めてドラさんに対する感謝の気持ちでいっぱいになった。

本を読む。わかる。試してみる。うまくいく。また本を読む……。それを繰り返しているうちに、ボクは仕事がどんどん楽しくなるのを感じていた。

いや、そればかりではない。リカやハヤト先輩やプロジェクトの仲間たちとの人間関係までもが、滑らかになっていくのを実感した。

アドラー心理学ってすごい。ユウってすごい。ドラさんってすごい。そして……。ボクも、ちょっとだけすごい……かも。いや、ボクだってすごいぞ。ボクは自分を認めることを恥ずかしく思わなくなっていた。

これがドラさんが言うところの「自分への勇気づけ」なのだ、と改めて実感している。

そういえば、最近、気になることがある。それは、ドラさんが会社を休みがちであることだ。彼がアメリカから日本に戻って、もう一年になる。これまでドラさんは一日たりとも会社を休んだことがなかった。

それが、この一ヶ月だけで既に三回も休んでいる。しかも、今回は一週間も会社を休んでいる。それだけではない。理由が何だか曖昧なのだ。

「ちょっと実家でいろいろとあってね……。しばらく福岡へ帰省してくるよ」

そういえば、以前ドラさんが携帯電話で実家のお母さんらしき人と話しているのを聞いたことがあったっけ。ドラさんはいつになく真剣な表情をしていたな。

たしか、お父さんは福岡で小さな町工場を経営していると言っていた。そして妹さんが経理を手伝っているとも。

ドラさんは「田舎の典型的な町工場。とても経営とは呼べない零細企業さ」と言っていたけど、もしかしたらご家族に何か起きているのかもしれない。

そんなことを考えていたら、リカに突然肩をハグされ、ボクは反射的にビクッとした。

「一課のエース、リョウく〜ん！　最近、数字が伸び悩んでいるじゃないのよ！　あんたが売ってこないと、うちの課の数字も伸びないんだから頼みますよ！」

「ほら。ツヨシを見てよ。まだ第三クォーターが半分も終わっていないのに早々とクォーター目標を達成して、ランキングトップを独走中よ。リョウも早く追いつけ、追い越せ！　頑張ってぇ～」

リカがやたらとボクにタッチしてくる。これはもしかしたら逆セクハラではないのか？　もっとも、ボクは迷惑どころか大歓迎。嬉しくて仕方がないけれど。

そうだ。今度、リカを食事にでも誘ってみようかな。もしかしたらうまくいくかな。でも、断られたらどうしよう……。最近は「課題の分離」が上手にできるようになってきたけれど、リカとの間ではどうもうまく活用できない。

そういえばアドラー心理学の本の中で、対人関係は「愛の課題」が最も難しい、と書いてあったな。そして課題が難しいほど、その人のライフスタイル、つまりは性格や価値観が如実に表れる、と。

ということは……。ボクはまだまだ「課題の分離」がうまくできていない、ということになる。だって、リカをデートに誘って断られたらどうしよう……そんな風に「相手の課題」をずっと考えてしまっているんだもの。

「リョウ！　売上、頼んだわよ！」

そう叫んでリカは立ち去った。

そうだ。デートの誘いの前に、まずは数字、数字、と。よーし、どこから数字を組み立てようか。

やはり、ボクにとっての最大のクライアントであるロイヤル自動車から大きなキャンペーンを受注するのが一番の近道であろう。ボクは、セコ課長からもらっていた宿題に取りかかることにした。


セコ課長からもらったオーダーは、同社の主力車種、高級車ゴールデンの燃費の良さを訴える広告キャンペーンを考えてくれ、というものだった。今や、燃費は軽自動車や小型車だけの課題ではなくなっている。

欧米のセレブがこぞってハイブリッド・カーを好むように、燃費が良い車に乗るということは、今やステイタスにもなっているのだ。それはガソリン代を節約する、というような低次元のレベルではない。燃費の良い車に乗るということは、その車の保有者が地球に優しいエコなライフスタイルを送っていることを表している。

だから、お金に不自由しないセレブまでもが、こぞって燃費を気にするようになったわけだ。当然ながら、ロイヤル自動車の高級車種ゴールデンにもそれは波及している。同社も必死になってエンジンやボディーを改良し、燃費を下げているのだ。

しかし……。ボクは思った。広告業界の間では、ロイヤル自動車の燃費データがどうも怪しい、という噂が駆け巡っている。どうやら同社エンジニア部門の幹部がついマスコミ相手にポロッと漏らしてしまったらしい。

「経営からの強い圧力で燃費データをねつ造してしまった」と。

もしも、それが事実であれば、これは広告業界のみならず、日本いや世界を揺るがす大問題となるだろう。もちろん、それに関連する広告キャンペーンを展開した広告代理店もつるしあげられるだろう。

いや、それより何より、ねつ造したデータを信じて車を買う数万人の消費者が一番の迷惑を被ることになる。

しかし……。あくまでもこれは噂の域を出ていない。不確かな情報を元に、せっかくの広告キャンペーン依頼を断ることはできない。

ましてや今、ボクは喉から手が出るほどに受注が欲しい。ここは、くだらない正義感などを持ち出さずに、ドカンと広告を受注してしまえばいいのではなかろうか。それこそがボクの利益であり、我が一課の、ひいては我が社全体の利益にもつながるのではなかろうか。

そういえば、ドラさんからの教えで「共同体感覚」が大切だ、というものがあったな。

「自分のことと同じように相手のことを大切にすること」

それが共同体感覚だと学んだ。ボク個人だけでなく、一課や会社全体の利益を考える、ということはまさに「共同体感覚」そのものだ。であれば、この営業は進めるべきだろう。

ただ、ボクは何か釈然としないものを感じていた。アドラー心理学が、そのような近視眼的なことを勧めるだろうか?

これまで、ボクに対して常に正しい道を示す羅針盤であったアドラー心理学。それが、不正まがいのキャンペーンを推し進めることになるのが、どうも腑に落ちなかった。そもそも、共同体感覚って何だろう？　そうだ。ドラさんに聞いてみよう。

待てよ、ボクは思い出した。ドラさんは今、福岡に帰省中だ。こんなときに限って休みだなんて……。もしもドラさんがこの場にいたとしたら、確実にボクは相談していたことだろう。しかし、ドラさんだって実家で大変な思いをしているに違いない。今、電話をかけて余計な心配を増やしたくない。では、いったい、どうすればいいんだろう。

そうだ！　ロイヤル自動車の件であることは内緒にして、ユウにそれとなく聞いてみよう。ヒントがもらえるかもしれない。

ボクは目の前を通り過ぎようとしているユウを呼び止めた。

「ユウ！　ちょっと教えてほしいことがあるんだ」

ユウは、ニッコリ笑うと、いいよ、と気安い調子で答え、打合せスペースに腰掛けてくれた。

「あのさぁ。共同体感覚ってあるだろ。あれ、例えば目の前の人が不正を犯しているのを見つけたとしようか。自分よりも相手のことを思いやって、それを内緒にしておくほうが共同体感覚に沿っているんだろうか？　それとも、それをやめさせるほうが共同体感覚に近いんだろうか？　ねぇ、どっちだと思う？」

ユウは意外な質問に驚いたのか、一瞬、無言になった後に、ゆっくりと口を開いた。

「リョウの身に、いったい何があったのかはわからないけど。アドラーはこう言っているよ。『相反する社会要求の複雑な問題に対しては、永遠の視点から見るように。そうすれば、抗しがたい要求、恐れからくる誤った物の見方、不安やゆがんだ目的から離れて社会生活の基本的なルールを考えることができる』とね」

「例えば、目の前の人の利益を優先するのではなく、学校や会社全体を。また、学校や会社の利益を守ることよりも、さらに大きな共同体として社会全般や国全体の利益を。そして国よりも世界や宇宙全体の利益を。そう考えれば判断を間違わない。リョウも読んだ本じゃないか。もう一度読み返してみたらどうだい？」

なるほど。たしかに、ルドルフ・ドライカースの『アドラー心理学の基礎』にそんな一節があったような気がするぞ。と、いうことは……。

なるほど。よし、わかったぞ！

ボクはユウに急いで礼を言うと、もう一度、ロイヤル自動車からもらったオリエンテーションの資料を読み込むことにした。

ボクは、勇気を振り絞ってロイヤル自動車のセコさんに電話をかけることにした。受話器を持つ右手が汗でしっとり湿っている。ボクは一時間前に、我が社のメディア購買担当部門の部長に確認して「ロイヤル自動車の燃費データ不正改造事件」が近々スクープ雑誌に掲載される予定である、との情報を得てあった。であれば、余計に当社としては関与してはならない案件ということになるだろう。

トゥルルルル。呼び出し音が鳴る。相手が受話器を取り、いつものセコ課長の声が、ハイ、と答えた。

ボクは背筋を伸ばしたまま、直立不動の姿勢で電話に向かって話し始めた。

受話器を通してセコさんの怒鳴り声がする。ボクは受話器を耳から離し気味にしながらセコさんからの罵詈雑言を受け止め続けた。

ボクはロイヤル自動車からの大型受注を得ることができず、売上に大きな穴をあけてしまった。それだけではない。既に受注をもらっていたキャンペーンまでもがキャンセルされてしまい、大きなビハインドを背負ってしまったのだ。

その後、ロイヤル自動車の不正燃費データ改造事件はマスコミに発表され、同社は大きく信頼を失墜してしまうことになった。我が社が広告のお手伝いをこちらから断ったことで、車を買う予定だったユーザーに迷惑をかけることはなかった。

目の前のロイヤル自動車の利益よりも、より広い社会全体の利益を優先した。アドラーが言うところの「永遠の視点」を優先したわけだ。

しかし、ものごとはそんなにスッキリと片付くわけではない。我が社が断ったキャンペーンという油揚げをライバルの広告代理店博識社というトンビがかっさらっていったのだ。

彼らはロイヤル自動車の大型広告を次々と展開した。さぞや莫大な売上を獲得したことだろう。もちろん、その後にそのキャンペーンは世間から糾弾されたわけだが、博識社がつるしあげられることはなかった。あくまでもロイヤル自動車だけが叩かれた。

どうやら世間は博識社を犯罪者ではなく被害者として捉えたようだ。「未必の故意」とは取らなかった。我が社のライバル博識社は巨大な売上を手にしつつ、消費者からの信頼は失わずに「うまいことやった」のだ。

ボクは思った。アドラー心理学の教えに基づくボクの判断は正しかったのだろうか。もしかしたら、あのまま知らん顔をして売上をあげたほうが良かったんじゃなかろうか。

しかし、ドラさんは言ってくれた。

「リョウ君。キミの判断は正しいよ。売上があがらなくても良かったじゃないか。キミは、キミの良心に嘘をつかなかったのだからね」

ボクにとってはその言葉だけが救いだった。なぜならば、ロイヤル自動車の売上が大きくマイナスとなった結果、第三クォーターのボクは目標未達成のままクリスマスを迎えることとなったからだ。

年末の最終日まであと四営業日しかない。もしも、ボクが未達成で終われば、営業一課全体も未達成になるのは確実だ。ボクは複雑な思いだった。

クリスマス間近ともなると、外はかなり北風が冷たいけれど、社内は暖房でポカポカと暖かい。

「リョウ君。ちょっといいかな。会議室で話そう」

ドラさんがボクを呼んだ。ロイヤル自動車の件に違いない。ドラさん得意のスリーピースも社内では暑すぎるのだろう。ドラさんはジャケットを脱いでベストとワイシャツでやってきた。そして、いつものように胸ポケットにずらりと並んだボールペンの一本を抜き取って、クルクルと回しながらボクに話しかけてきた。

「実はね……ボクの実家の話なんだけれどもね……」

期末間際の営業的に緊迫した状況だから、てっきりロイヤル自動車の件だと思い込んでいたボクは、ふいをつかれてうろたえた。えっ！　ドラさんの実家で何かあったんですか……。

「あぁ。うちの親父が小さな町工場をやっているのは知っているよね。うん。実はね。親父は肺がんで、あと余命一ヶ月、持つかどうかわからないんだ。それでね。お袋がね。ボクに『福岡へ帰ってきてくれ』とね。そればっかりを繰り返して……」

「いや、たしかに同じことをもう十年前からずっと言われ続けて、ボクはずっと断っていたんだけれどね。ただ、今度ばかりは親父がこんなことになっちゃって。お袋もすっかりやせ細って、妹も気弱になっちゃって」

「だからね。リョウ君。ボクは、この会社を辞めて、実家の町工場を継ぐことに決めたんだ。もう、人事には伝えて了解をもらってある。リョウ君。これがキミに伝えたかったことだ。ボクのわがままを許してくれないか」


えっ？　ドラさんが退職？　いったい……何を突然言い出すんだ？　そんなバカな……そんなこと、あり得ない！　あり得ていいわけがない！

ボクは頭の中が混乱して言葉が出てこなかった。しばらくして、ボクがかろうじて絞り出した言葉は、

「そんな……自分勝手な……」

というものだった。そして、言葉にしてから、ハッと気がついた。

本当にドラさんは自分勝手なんだろうか。ボクの頭の中に想像上の年老いたおばあさんが浮かんできた。とてもさびしそうで所在なさそうな表情をしている。寝たきりのおじいさんもいる。その二人の手を握り励ますドラさん。不安そうに町工場の従業員たちがそれを見守っている。

そうか。わかったぞ。ドラさんは自分勝手なんかじゃない。自分勝手なのはボクのほうだ。ドラさんを失いたくなくて、頼りにしたくて、退職に反対するボクのほうこそが自分勝手だ、とわかったのだ。


そして思った。ドラさんほどの才能であれば、サラリーマンよりも経営者になるほうがいいに違いない、と。

ウチの会社という小さな共同体にとって、ドラさんを失うことは痛手だけど、日本という大きな共同体のためにはそっちのほうがいいかもしれない。それこそが「永遠

○○製作所

の視点」なのかもしれない。ボクの小さな痛みよりもそっちのほうが、きっと大切だ。

無表情でじっと会議室の白い壁を見つめているドラさんに向かってボクは言った。

「ドラさん、申し訳ありません。暴言を吐いてしまいました。ドラさん。ぜひご両親と従業員さんを大切にして下さい。ご自身のご決断を大切にして下さい。心配は不要です。後は任せて下さい。ドラさんから教えてもらったことを活かして、必ずや立派なチームをつくりあげます。ボクたちを信じて下さい」

そう熱く語っていたのだ。ドラさんはじっと白い壁を見つめたままだ。そして、ゆっくり目をまばたかせてから決意を振り絞るようにかすれ声を発した。

「リョウ君……ありがとう……」

そしてボクの手を取り、ギュッと握りしめた。

「リョウ君。もうキミに伝えることはあとわずかしかない。ただ、だからこそ、残りわずかな宿題をキミに出そうと思う。今回の宿題はもうわかっているね。『目の前よりも大きな共同体にとっての利益を優先する』これがキミの宿題だ」

「しかし、今回のロイヤル自動車の件で、キミは既にこの宿題をなし遂げた。しかも、ボクが福岡に帰省して、いないときに、自分一人の判断でそれをやり遂げたんだ。ボクはキミを誇りに思うよ。いいかい。この判断基準をずっと忘れずにいてくれたまえ。頼むよ」

そう言って、ボクを抱き寄せた。ドラさんはとても座高が低いので一瞬、ボクがドラさんを抱っこする母親になったかのような気分がした。しかし、抱きしめられドラさんの温もりを感じると、逆にボクが子どもだった頃の気分を思い出した。母に抱かれた記憶が鼻の奥にツンとよみがえってきた。温かな感情があふれてきた。

［ドラさんの宿題］

目先の共同体よりも、もっと大きな共同体を大切にする

より大きな共同体の利益を優先する

企業や学校、地域社会などの組織に所属して目標達成を追求していると「果たして組織の判断は正しいのだろうか？」と疑わしく思うことがあるでしょう。また、何らかの理由で転職を決断し、現在の会社を退職するときに「自分のわがままで現在の会社に迷惑をかけてしまう。自分の判断は正しいのだろうか？」と悩むこともあるでしょう。

そんなときこそ、本章の教え「より大きな共同体の利益を優先する」が役に立つでしょう。もしも自分が所属する組織にとって利益となるけれど、より大きな社会全般にとって迷惑をかけてしまうのだとすれば、後者を優先した判断をすることが幸福な人生を歩むことにつながるでしょう。同様に、転職することでお世話になった会社に迷惑をかけてしまうとしても、次の会社で現在以上に能力を発揮し、社会の役に立つのであれば、そちらを優先することこそが良い判断になるでしょう。

しかし、それですべてがバラ色の結末になるとは限りません。本章でリョウ君は「より大きな共同体を優先する」ことに一旦納得した後で、しかし、現在の職場に迷惑をかける様を目の当たりにして迷いが生じています。今後、彼に対して組織から何らかのおとがめがあるかもしれません。アドラー心理学では、自分が下した判断に対して責任を取ることが求められます。果たして、リョウ君はどのように対応していくのでしょうか。

第十一章

あなたを信じていたのに……

［**ドラさんの宿題**］

会社のルールは信用で動くが淡々とこなす。

しかし、対人関係は裏切られても信頼する

クリスマス・イブに東京で雪が降るなんて、できすぎている。いや、それ以上にできすぎているのが、イブにボクがリカとデートをしているという現実だ。

ボクは入社してからずっと好きだったリカを思い切ってデートに誘った。しかもクリスマス・イブという特別の日に。リカはいつもと違って、少し緊張したような表情で言った。

「いいよ。でも逆に、リョウ、私なんかでいいの？」

ボクは飛び上がりたいほど嬉しかったけど、その気持ちを抑えて冷静なふりをした。そして、今日、こうして二人きりでキャンドル越しに東京タワーを見ているわけだ。

クリスマス・ソングの定番が次々とかかる。ビング・クロスビーのホワイトクリスマス、ナット・キング・コールのクリスマスソング、ジョン・レノンのハッピークリスマス……。そして、マライア・キャリーのオール　アイ　ウォント　フォー　クリスマス　イズ　ユーがかかったところで、リカが声をあげた。

「この曲知ってるぅ。タイトルがいいよねぇ。クリスマスに欲しいのはあなただけ。言われてみたいし、それより、言ってみたいわぁ」

リカ。ボクだって、欲しいのはリカだけだよ。そう言いたかったけど、初めてのデートでそんなことは言えない。「課題の分離」ができていたとしても言えないし、言わないほうがいい。きっとそのほうが誠実だ。ボクは良い人のふりをするのではなく、心からリカを大切にしたいと思い、本当は今すぐにでも抱きしめたい気持ちを感じながらも、意志をもって「言葉にしない」という選択をした。

そう。ドラさんに教えてもらった「自己一致」だ。否認、抑圧、歪曲しない。自分の気持ちに嘘をつかない。けれど、行動は自分の意志で選択し、自分の決断に責任を負う。そんなことも自然にできるようになっている自分に気がついた。

オードブル、スープとディナーコースが進むうちに、ボクたちは互いの学生時代や入社してからの思い出を話した。そして、リカが一年前に彼氏と別れたこと。その理由が彼の浮気だったこと。それにすごく傷ついたことを話してくれた。

ボクは恥ずかしながら、会社に入ってからずっと彼女がいないことを正直に話した。以前、友だちに聞かれたときはかっこつけて「彼女？　いるよ」と嘘をついたけれど、今はそんなバカなことは必要がないとわかっている。

「不完全な自分をありのまま認める勇気」

自己受容ができるようになってからは、できるだけ自分に正直でいたいと思っているからだ。ボクの「彼女いないない宣言」にリカは笑いながら、ふぅーん、意外、とだけ答えた。


メインディッシュのローストターキーが運ばれてくる頃、話題は自然と職場のことになっていった。

「まじ、ドラさんって、受けるよねぇ」

何気なくリカが口にした一言で、ボクは思わず口へ運びかけたフォークの手を止めた。それから思い直して口に放り込み、噛みしめた。もともと淡泊なターキーの味さえも、まったく感じられなく、舌が機能停止しているようだった。

ドラさんがいなくなってしまうなんて。ボクにはいまだに信じられない。本当は受け容れたくない。ドラさんなしでやっていく自信がない。

でも、この話をリカにしてもいいものだろうか。もしかしたら、ドラさんはボクだけに打ち明けてくれたのかもしれない。リカに伝えてもいいものか、と迷っていると、リカが突然話題を変えてくれた。ボクはほっとした。

「そういえばリョウ。こんなときに仕事の話をするのもなんだけどさぁ、ロイヤル自動車さんの件、あれ痛かったよねぇ。あの事件がなかったら、リョウ、第三クォーター、確実にトップだったよね。それが一気にランク外に落ちちゃって。目標達成まで外しちゃいそうでしょう」

「リョウ、あの件で、ドラさんにずいぶん叱られたんじゃないの？」

ボクは答えた。その件でドラさんはボクを一度も叱らなかった、と。そして、ボクが広告主であるロイヤル自動車セコ課長の言い分よりも、消費者保護を優先したこと。すなわち広告主という一企業の利益よりも、より広い社会全般の利益を優先したこと。「より大きな共同体の利益を優先する」というアドラー心理学の「共同体感覚」原則をもとに判断したことをリカに伝えた。

そして、ドラさんはボクに対して「それでいい。リョウ君も一人で判断できるようになったんだね」と励ましてくれたことも話した。

「へぇ。そんなことがあったんだ。私、単にリョウがロイヤル自動車のセコ課長とケンカしてキャンセルされたのだとばかり思っていた」
「リョウは立派だねえ。自分の利益よりも世のため、人のためを優先して。私だったら、数字が落ちるのが恐くて、セコ課長の言いなりになっていたかもしれないなぁ。リョウって偉いんだね」

ボクはリカにほめられて照れくさかった。でも自分が確実に成長しているのがわかる。ドラさんやユウの教えを通じてアドラー心理学を学んでから、これまで揺れ動いていた自分の判断にピシッと一本筋が通ったような気がしている。
背中に長い竹の物差しを入れられて「背筋を伸ばしなさい」とお母さんに言われたときのことが思い出された。アドラー心理学のお陰で、ボクの背中に物差しが入った。そう感じている。

デザートとコーヒーを終えて、楽しかったディナーが終わりに近づいていた。ボクはこのままずっとリカと一緒にいたいと思った。けれど、翌日は普通に仕事だし、それに初めてのデートで夜遅くまでリカを誘うのは失礼だと思ったから「帰ろうか」と声をかけた。リカはただ、うん、とだけ言った。

給料の安いボクにとってデート代をおごるのは厳しかったけれど、ボクは支払いをしようとするリカを手で止めて二人分の食事代を払った。ごちそうさま、とリカは言って、店を出るときにボクの腕を取り、そのまま歩き始めた。

クリスマス・イブに夜道をリカと腕を組んで歩く。ずっと憧れていたことが実現している。このまま駅までの道がずっと続けばいいのに。ボクはそう思ったけれど、実際は、あっという間に東京駅に着いてしまった。

改札に入ってボクたちは別々の電車に乗ることになった。ボクが言う。

「また、誘ってもいいかな」

「もちろん！　リョウ、今日はありがとう。これ、プレゼント、後で開けてね」

すっかり忘れていた。ボクもあわてて用意していたプレゼントを渡す。本当は指輪を贈りたかったけれど、まだ早いと思ってブックカバーにした。最近、リカもアドラー心理学の本を熱心に読んでいると聞いたからだ。

いつか指輪を贈れるような関係になりたい。ボクはそう思った。

リカが別れ際にハグをしてくれた。ボクは初めてリカの肩に手を回して、短く一度だけギュッと抱いた。そして、すぐに離れて、じゃあね、と言った。リカはボクに向かって手を振りながら、ゆっくり一段ずつ階段を登っていく。これまで見たことのない子どものように無防備な笑顔だ。

リカが最上段にたどり着くと同時に電車が滑り込む。タイミングが良すぎるぞ。ボクが心の中で舌打ちすると、リカも苦笑いを浮かべ、最後に大きく手を振ってから電車に乗り込んだ。

リカが見えなくなるまでその姿を見送ってから、初めてボクは自分の吐く息が真っ白なのに気がついた。ほぉー、ほぉー。わざと大げさに息を吐いて、白さを確かめてみる。それが楽しくて、ボクは何度も機関車が煙を吐き出すように白い息を吐き続けた。


第三クォーターは、結局ボクが目標未達成のまま最終日を迎えた。そして、ボクの数字が足りない分、一課全体も未達成で終わった。

ボクはドラさんやみんなに申し訳ない気持ちだった。でも、あの判断で良かったと思う。ドラさんもそう言っていた。だから、罪の意識はなかった。ボクは自分の心を落ち着かせ、年末休暇へと頭を切り替えた。

仕事のことは忘れよう。実家で両親と紅白歌合戦でも見て、親孝行だ。そして来年からもう一度、頑張ろう。仕事も、そしてリカとのことも。

一課のみんなに「良いお年を」と告げ、ボクは帰宅した。


新年の仕事始めは一月四日からだった。ボクたちは「あけましておめでとうございます」と神妙にお辞儀をしあってから、デスクの前に座ってパソコンのスイッチを入れた。ジャーン。パソコンが立ち上がる音が聞こえると、途端に職場のお正月モードが終わった。いつもの臨戦態勢だ。さぁ、仕事をするぞ。そのとき、ドラさんがボクを呼んだ。

「リョウ君。ちょっといいかな?」

そして会議室へと先に入っていった。

「リョウ君。第三クォーターは、キミ個人も一課全体も未達成に終わってしまった。残念だが終わったことは仕方ない。今クォーターこそ、挽回しよう。ぜひ力を貸してくれ」

もちろんです。今度こそ、絶対に達成します。

ボクはドラさんに宣言した。

「うん。頼もしいぞ。ところで、例のロイヤル自動車さんの件なんだが。キミの判断は正しかったと思うけれど、セコ課長は引き続きお怒りのままだ。キミを担当から外してくれ、とクレームが入っている。ボクは、その要望に応えようと思う。担当をリョウ君からハヤト君に変更することにした」

えっ。声にならない声がボクの口からこぼれた。ドラさんは早口で続ける。

「そして、キミのクライアントが減った分、キミの目標数字を下方修正して負担を軽くする。キミはこれまでのヘビー級ランキングではなくって、ミドル級ランキングになる。土俵が小さくなるということだ」

「これでキミは競争相手がツヨシ君やユウ君ではなく、イチローたち若手になる。ぜひ、ぶっちぎりで一位になって早くヘビー級に戻ってきてくれよ。それを期待しているよ」

ドラさんはそこまで一気に話すと、じゃあ、と言って、会議室を早々に出て行ってしまった。ボクは呆気にとられて何も言えず、ポツンと一人取り残されてしまった。

そんなバカな……。ミドル級にランクダウンする、ということは、ボクの昇格が一歩遅れることを意味している。そういえばユウもこの一月からシニア・レップへの昇格が決定した、と噂を聞いた。

ツヨシもユウもシニア・レップ。ボクだけが周回遅れの平社員だ。リカも「リョウ、そろそろシニアにあがるんじゃない？」って期待してたっけ。ボクはとてもではないが、現実を受け容れることができなかった。

ドラさんは「キミの判断で間違いない」って言ってたではないか。そしてこうも言っていた。「キミは正しい判断ができる。キミを百パーセント信頼するよ」と。

だまされた……。

そんな言葉が頭に浮かんでくる。ドラさんは嘘をついたのだろうか。

ボクは新年の初日早々に打ちひしがれて、まったく仕事に集中する気が起きなかった。「信頼なんてくそ食らえ」頭の中で何度もそんな言葉を繰り返しているうちに、一日があっという間に終わっていった。


翌朝、いつもより一時間早く目が覚めてしまったボクは、ランニングウェアを家から持参して、早めに出社し皇居周辺を走ることにした。走れば頭の中のモヤモヤも吹っ切れるかも、という期待があったからだ。

ランステーションにカバンとスーツを置いて、ウェアに着替え外に出る。馬場先門の信号を渡り、皇居の芝生の間を歩いているときに、「やぁ！」と後ろから声をかけられた。ドラさんだ。

「皇居でリョウ君と合うのは久しぶりだね！」

派手な濃いピンク色のランニングウェアを着たドラさんが早足でボクに追いつく。

ボクは、おはようございます、と淡泊な挨拶だけを返して、無視するように先に走り出した。

「おいおい、待ってくれよ、一緒に走ろうよ」

ドラさんがお構いなしにボクの横を併走し始めた。

正月明け出勤二日目の皇居周辺は人が少なかった。ボクとドラさんは並んだまま走り続けた。黙って走るのも変だ。何か話さなくちゃ。ボクは思わず、昨日から気にしていたことをストレートに口にしてしまった。

「ドラさん。ボクを信頼している、という言葉は嘘だったんですか？　信頼しているのなら、なぜ、担当変更や階級をダウンさせるんですか？　ボクを信頼していないんじゃないですか？」

口に出しながら、ボクは自分の口調がとげとげしいのを自覚した。でも、しょうがない。それがボクの正直な気持ちだからだ。隠さなくていいや。ボクはそう思いながら、ドラさんの返事を待った。

ほっほっほっ。ドラさんは走るリズムに合わせて息を吐きながらずっと走っている。

そして、同じリズムで言葉を切りながらボクの質問に答えてくれた。

「し・ん・ら・い・し・て・い・る・よ！」

そしてニカッと大きく笑った。

「当たり前じゃないか！　今も百パーセント信頼しているよ！　キミを信じている」

「じゃあ、なぜ？　担当変更を？　なぜ階級ダウンを？」

「当たり前じゃないか！　会社なんだから。キミは目標を未達成だった。顧客からクレームを受けた。担当を変更し、クライアントを減らし、目標を下げる。会社としては当たり前のことをしただけだ。それのどこがおかしいというんだ？」

ボクたちは言い争いのようになった。競うように走るペースがあがっていく。北の丸から番町へと緩やかな上り坂が続く。ボクはドラさんより先に息があがってしまい、走るペースを落とした。

ドラさんは「歩こう」と言った。話に集中したいのだろう。ボクは黙ってドラさんの言葉に従った。たしかに、このほうが話しやすい。ボクは普通に歩いているが、背の低いドラさんは早足で短い足を前後に素早く動かしている。それをわかりながら、ボクは少し意地悪をして早いペースで歩き続けた。ドラさんが言う。

「リョウ君。いいかい。信頼とは無条件で相手を信じることを言うんだよ。相手が失敗しようが、嘘をつこうが、裏切ろうが、それでも相手を信じることを信頼と呼ぶんだ。裏切られても、裏切られても、裏切られても信じる。約束を破られても、実績がなくても、信じる。この信頼があるからこそ、人と人は強い絆で結ばれるんだ」

「相手が失敗したり、約束を破るたびに相手を疑ったり、信じるのをやめるのでは、信頼とは呼べないんだ。キミのお母さんはきっとキミを信頼している。そしてボクもキミを信頼している。これまでもこれからもキミを信頼しているよ」

「では、なぜなんですか？　なぜボクを外したんですか？」

「よく聞きなさい。リョウ君。キミに以前、存在価値と機能価値の話をしたのを覚えているかい？」

「当然です。常にそのことは頭の片隅にあります。今回、目標が下げられて、階級ダウンされて、ボクは自分にダメ出しをしそうになりました」

「でも、そうじゃない。いくら目標が低くなっても、階級がダウンしても、ボクの機能価値が下がっても、ボクの存在価値はちっとも減っていない。そう思えるようになりました」

「その通りだ。リョウ君。ボクは、キミが仮に会社を首になったって、仮にキミが刑務所に入ったって、キミの可能性を常に信じるよ。これからもずっとキミを信じる。キミの存在価値を信頼しているよ」

早足で歩くドラさんの額から幾筋も汗が流れている。ボクはドラさんの「信頼」という言葉を聞いてホッとした。ドラさんは変わっていなかったんだ。

「でもね、会社は違うんだよ」

ドラさんはこれまでと声のトーンを変えて、厳しく、短く言い切った。

「会社は無条件に人を信じる信頼なんかで動きはしないんだ。会社は常に条件付きの信用で動く。なぜならビジネス社会は信用が前提だからだよ。信用は常にエビデンスを求める」

「例えば銀行は担保がなければ金を貸さない。そして取引実績がなければ取引しない。クレジットカード会社は支払いが遅れた人、つまり支払い実績がない人をブラックリストに載せて、カードを追加発行しない。つまり、実績や担保を常に見る。それを満たさなければ取引しない。それがビジネス社会の常識なんだ」
「それはボクたちが勤める会社だって同じことだ。会社は信頼ではなく信用で動く。実績がなければ評価しない。目標達成という約束を破った人の評価は下がるんだ」

ボクは完全に混乱していた。ドラさんの言っていること、一つひとつはよくわかる。ドラさんはボクを無条件に信頼してくれている。それは今回の話でよくわかった。今まで以上に強い確信に変わった。

しかし、一方で、会社が常に条件付きの信用で動く、ということもわかった。ドラさんの話はとても筋が通っている。銀行や会社が無条件に信頼で動いたら大変なことになる。うちの会社だって潰れてしまうかもしれない。だからエビデンスを元にして信用で動かざるを得ないのもよくわかった。

今回ボクの目標未達成やセコ課長との言い争いで担当を外されて階級をダウンさせられたのも仕方がないと思った。

でも、じゃあ、ドラさんはどっちなんだ？　会社の味方なのか？　ボクの味方なのか？　会社と同じく条件付きの信用でボクを見るのか？　それともボクの母親のように無条件でボクを信頼するのか？　いったいどっちなんだ？　どっちが本当のドラさんなんだ？

ボクは頭の中がゴチャゴチャになり、思わず足を止めて立ち尽くしてしまった。

「ドラさんはボクを信頼してくれるんですか？　信用で判断するんですか？　いったいどっちなんですか？」

ドラさんは、ボクに向けてピストルを発射するいつもの仕草をしながら小さく「バキューーン！」とつぶやき、ウインクをした。そして、一人で先を歩き、皇居遊歩道の角を左に曲がった。ボクは無言でついていった。

「ほら、ご覧。道が開けただろう。桜田門まで見晴らしのいい一直線だ」

ドラさんの言う通り、北の丸から番町までの狭い道をすぎて左に曲がると、皇居のお堀の向こうに道が大きく開けていた。

「リョウ君。会社で働くときにはね。信頼と信用という異なる二つの考え方を両方併用しなければならないんだよ。ボクとキミが北の丸から番町まで、ずっとこうして並んで歩いてきたように」

「信用システムと信頼システムは、いつも一緒なんだ。ボクは課長という人格で部下という人格のキミを信用システムで判断する。キミの機能価値を冷静に実績や担保で判断するよ。会社という信用システムを回すんだ。そしてね」


ドラさんはそこで言葉を切ると、突然緩やかな下り坂をダッシュで走り始めた。そして百メートルほどでピタリと止まり、くるっと後ろを振り返ってボクに叫んだ。

「でもね。一人の人間としては、ボクはキミを無条件で信頼するよ。課長ではなく一人の人間、ドラとしてボクは人間リョウ君を無条件に信じる。キミはステキだよ。キミには無限の可能性がある。その可能性を心の底から百パーセント信じているよ!」

そう叫んで、また踵《きびす》を返し、ほっほっほっほ、と息を吐きながら走り始めた。

ドラさんの背中が少しずつ遠ざかっていく。でも、濃いピンク色のウェアで包まれたその丸っこい小さな背中は先ほどと違ってとても温かく見えた。

そうか。課長であるドラさんは信用システムを回して淡々とボクに対処する。実績でボクの機能価値を判断してボクを人事的に冷静に処遇する。しかし、一人の人間ドラさんはボクの存在価値を心の底から無条件に信頼する。

ドラさんの中には二つの人格がある。それを両方ともに併用しているのだとわかったのだ。

一見すると、その二つは矛盾しているように見える。併存など不可能なように見える。しかし、ドラさんという生身の人間を見てみると、その二つは違和感なく併存可能であることがわかった。

どうやって矛盾を併存させているのか、そのメカニズムはよくわからない。けれど、ドラさんは間違いなくその両方をやっている。しかも、揺らがず、ドッシリと。そういうことだったのか。

「オーイ！　聞こえるかーい？」

遠くでドラさんが手を振っているのが小さく見える。ドラさんの立っている場所からここまでの間には凜と澄んだ空気が張り詰めている。そして視界は広く開けている。

「はい！　ボクもそっちへ行きます！」

ボクはそう大声で返事をして、ダッシュで下り坂を走り始めた。


ほっほっほっほ。ドラさんのように声に出しながら息を吐く。右足。左足。右足。左足。信用と信頼。右足と左足。機能価値と存在価値。両足を踏み出しながらボクは頭の中がスッキリするのを感じた。そうか。そういうことか。矛盾なんかしない。両方淡々と進めればいいのだ。

よし。もう一度やり直すぞ。会社という信用システムに基づいて、ミドル級ランキングで頑張ればいいじゃないか。そして、これからもドラさんを信じ続けるぞ。一人の人間、ドラさんを無条件に信頼する。併用できる。併走できる。ボクはそんな確信を感じていた。

あと三ヶ月でドラさんがいなくなってしまう。それまでボクは必死にドラさんに食らいついて、学び続けるぞ。ボクはさらに加速して、遠く桜田門から二重橋前へと向かうドラさんの背中を追って走り続けた。

［ドラさんの宿題］

会社のルールは信用で動くが淡々とこなす。しかし、対人関係は裏切られても信頼する

人に優しく、仕事に厳しく

「信用金庫」「信用取引」「信用調査」という言葉があります。それぞれに「地場の中小金融機関」「相手の信用力に応じて預け金以上の金額での取引を許可すること」「相手の金融資産、保有不動産、勤務先の信用力などを調査すること」です。しかし、世の中に「信頼金庫」「信頼取引」「信頼調査」という言葉はありません。この言葉からわかるように「信用」とは「相手の担保や実績という条件をも

■図7　信用と信頼

信用	信頼
信用金庫　○ 信用取引　○ 信用調査　○	信頼金庫　× 信頼取引　× 信頼調査　×
担保・実績**あり**	担保・実績**なし**
裏切られたら**信じない**	裏切られても可能性を**信じる**
公式組織に適する 仕事に厳しく	**非公式組織**に適する 人に優しく

とに信じるかどうかを判断すること」だとわかります。そして「信頼」はその逆に「相手の担保や実績にかかわらず、無条件に相手を信じること」だとわかるでしょう。

では、私たちが勤める企業組織においては「信用」と「信頼」のどちらが働いているのでしょうか？　いや、働かせるべきでしょうか？　本章でドラさんがリョウ君に説明している通り、企業では両方が必要となります。もしも「信用」一本で行くとすればそれは「人に厳しく、仕事に厳しい」軍隊のような組織となり対人関係は希薄となるでしょう。しかしその逆も問題です。「人に優しく、仕事に甘い」組織は単なる仲良し集団で顧客満足にはほど遠く経営からも見放されることでしょう。正解はドラさんが語る通り「人に優しく、仕事に厳しく」つまり、会社という人格で「信用システム」を淡々と回し、一対一の人間としては「信頼システム」を回す。その両立が求められるのです。

第十二章

課長なのに、頑張らなくてもいいの？

［**ドラさんの宿題**］

相手を信じ、自分を信じて、頼る、甘える、任せる四月初旬が暖かくもなく、桜が満開でもないことは、昨年思い知らされたからよく覚えている。だから、この季節は花見としては、ちと早い。しかし、ボクたち営業一課、二課、三課の面々は四月第一週のまだ肌寒く、桜が二分咲き程度の土曜日に、お花見バーベキューを決行することにした。

なにしろ、翌週にはドラさんが福岡へ旅立ってしまうのだ。今週末しかない、というわけだ。

そう、そう。このイベントはドラさんの送別会だけが目的というわけではない。昇進祝いや異動者の歓迎会も兼ねている、まるで「ごった煮」のようなイベントだ。ということで、ボクもその対象の一人になったわけだ。

驚くべきことに、ボクはこのタイミングでシニア・レップへと昇格し、同時に課長としてチームを率いることとなったのだ。

風の噂では、ボクの昇進昇格については賛否両論、激論が交わされたらしい。第二クォーターで部門二位の成績を収めたが、第三クォーターはロイヤル自動車事件で未達成のうえ、ランクダウン。ところが第四クォーターはまたもや一転、ミドル級ランキングで、後輩たちの追随を許さない、ぶっちぎりでトップを獲得。極めて不安定な業績だ。

しかし、ドラさんの熱心なプレゼンとマサムネ課長の強力な後押しがあったと聞いた。マサムネ課長は、残業削減プロジェクトの責任者を兼ねた人事課長だ。プロジェクトへのボクの関わりを高く評価してくれたらしい。

ボクは自分の力だけで昇進昇格したのではない、と感じた。組織は、たくさんの人たちの協力で成り立っている。自分が昇進昇格したからといって、決しておごらず、これからもずっと成長していきたいと強く思った。

このタイミングで昇進昇格したのはボクだけではなかった。一足先にプレーイング・マネジャーであるシニア・レップとして活躍していた三課のツヨシ、二課のユウも、同じく部下を持つ課長へと昇進した。ボクたち同期三人が揃って同じタイミングで課長になったというわけだ。

せーの、かんぱーい！

海に近い野外公園のバーベキューサイトで、ボクたちは盛大に乾杯をした。合計で四十～五十人は集まっただろうか。皆、にぎやかにプラスティックのコップをぶつけ合う。

さすがは営業部だけあって、互いに相手のコップよりも低い位置にコップをぶつけるマナーを全員が守っている。「自分のほうが相手よりも低く」と互いに下げることを競い合い、中々一度でコップがぶつからない。ボクたちは、営業マンの悲しき性《さが》を笑い飛ばしながら、長い列をつくって順番にコップをぶつけ、一息にビールを飲み干した。

「リョウ君。おめでとう！　でも、部署が変わってしまうから、リカとはなればなれになっちゃってさびしいね」

ユウが話しかけてきた。ユウとツヨシは課長への昇進に際して部署の異動はない。前任課長から引き継いで、現在所属している部署のリーダーとなるのだ。

しかし、ボクだけが違った。ドラさんの後任を引き継ぐのではなく、新設されるI

oT（Internet of Things）推進課の課長を拝命したのだ。ドラさんの後任は、以前の課長、山本さんが出戻ってくる。

ハヤト先輩やリカ、イチローなどはそのまま残り、一年前の体制に戻る。そして、ボクだけが一人で出て行くのだ。

クリスマスのデートをきっかけとして、一月からリカとボクは正式につきあい始めた。ボクたちのことは仲間に包み隠さずオープンにしていたから、会社としても二人の配属を引き離したい、と考えたのだろう。当然のことだ。

もちろん、当社は日本国憲法の精神にのっとり、社内恋愛は自由であるから、二人が一緒にいたければ就業時間以外にデートすればいいだけのこと。ユウもそれをわかっていながら、ちゃかしているのだ。

ボクはユウの軽口に取り合わず、リカのほうへ向かって、ふざけて、

「リカ！　さびしいよー！」

と声をあげた。リカはキョロキョロと周囲を見回しながら、

「こんなところで！　もう、バカ！」

とボクを叱った。ユウだけでなくみんなが笑った。

バーベキューに集まった面々のほとんどは一課、二課、三課のメンバーだったが、新設されるIoT推進課のメンバーも四名が参加してくれた。彼らはボクが所属していた一課のメンバーと一緒に同じグリルを囲んでいる。

リカはバーベキューのときもいつも通り忙しく働いていた。ドラさんや課長たちにお酌をしたり、肉や野菜を包丁で切ったり。しかし、人気者のリカの周りには次々と女子が群がってきて、下作業どころではなくなっていった。

ボクはリカに代わって下働きを買って出た。みんなに楽しんでほしい、だからボクが作業をすればいい、と思ったからだ。

隣のグリル周辺では、ツヨシが戦国時代の大将のようにどーんと座っている。周囲では新たに部下となるメンバーたちが入れ替わり立ち替わり、お酌をしている。ツヨシは一切下働きをしない。まさに大将そのものだ。

その隣、一番奥のグリルでは、ユウが片手にプラスティックカップ、片手に缶ビールを持って、メンバーの元を次々と訪ね、ビールを注いでは笑顔で話しかけていた。

「お疲れさま。おや、肉を切ってくれているんだね。ありがとう。さすが、気が利くね。助かるよ」

ユウに話しかけられ認められて、メンバーたちは嬉しそうだ。ボクは思った。ユウは仕事の場面でもこうしてマメに声をかけているんだろうな。容易に想像がつく。

そして、それはツヨシにも言えるだろう。きっと職場でもツヨシはどーんと構える大将として君臨しているに違いない。そんな彼を立て、喜ばれようと部下たちは頑張るのだろう。それも一つのマネジメント・スタイルに違いない。

ボクが部下だったら、どちらの上司がいいだろう？　やっぱりユウがいいな。ツヨシにペコペコお酌をして、おべっかを使うよりも、ユウのような上司からねぎらってもらえたら嬉しいだろうな。そんなことを考えながら、二人をぼんやりと見ていた。

と、ここでハッと気がついた。手を止めている場合じゃない。ボクは課長になったんだ。リーダーとして、部下の誰よりも勤勉に働かなくてはならないぞ。「率先垂範」という言葉がある。

ボクはあわてて体を動かすことにした。皿の用意をし、炭火をおこし、ゴミ袋をセットして、忙しく走り回り始めた。あっ、炭火が消えかけているぞ。急いで火をおこさなくては。ボクは火吹き竹を手にグリルの前にしゃがみ込み、思いっきり息を吸い込んだ。


と、その瞬間。ボクの目にドラさんのクリクリまなこが飛び込んできた。目が合った瞬間に、ドラさんがいたずら小僧のようにいつものジェスチャーをする。

「バキューン！」

ピストルを撃ついつものジェスチャーだ。ボクは不意をつかれて尻餅をついた。あー、びっくりした。ドラさん、そんなところにいたんですか？

ははははは！　ドラさんは、まるで歌舞伎役者のように、大げさに両手でお腹を叩きながら笑った。そして、テーブルを指さして言った。

「見てごらん。リョウ課長。あのテーブルでキミの新チームのメンバーたちが一所懸命、野菜を切っているよ。彼らは黙々と作業をしている」

ボクは彼らを見た。皆、無言で作業をしている。ドラさんは続けた。

「でもね、今日は本来、懇親を深めるのが目的だ。決して野菜の早切りコンテストではないぞ。彼らに必要なのはお互いの対話であり、打ち解けた関係の構築だ」

「リョウ君。では、今、キミがすべきは何だろう？　果たして炭火おこしだろうか？　それとも部下に負けじ、と競う野菜の早切りだろうか？」


ボクはドラさんに言われてハッとした。たしかに。まったく気づかなかった。ボクは部下たちの顔を見ていなかったのだ。

ボクが考えていたのは、バーベキューという仕事を前に進めるということと、そして自分がリーダーとして恥をかかずに振る舞うことだけだった。部下たちの心を見ていなかった。

ボクは急に自分が恥ずかしくなり、頬が熱くなるのを感じた。


自分が忙しく働くことが必ずしも部下のためになるとは限らない。そんなことより懇親を深め、部下のやる気を高めるほうがよっぽど大事だ。では、どうすれば？　何をすればいいのだろうか？

ボクの視線の先にはユウがいた。そうか。とっくにお手本が示されていたではないか。ユウ課長は何をしているのだろうか。そうだ。一人ひとりにねぎらいの言葉をかけ、ビールを注ぎ、勇気づけている。まさに、普段通りのユウそのものだ。

だが、ユウはいわゆる作業を一切していないことに気がついた。炭火もおこさないし、野菜も切らない。果たして、それでいいのだろうか？　部下から「怠け者上司」と陰口を叩かれないだろうか。

ボクはユウが心配になってドラさんに尋ねた。

「ドラさん。ユウは課長になったにもかかわらず、自分は何の作業もしていません。それでいいのでしょうか」

ドラさんは気色ばむボクを見て、ゆったりとほほえんだ。そして、何も言わずにユウとユウの部下一人ひとりへ視線を送った。そしてもう一度ボクを見る。ボクはドラさんの視線の後を追ってみた。ユウを見る。ユウの部下の表情を見る。そして、わかった。

ユウの部下たちはとても嬉しそうだった。それは、ねぎらいの言葉をかけてもらった喜びだけではない。おそらく彼らは、自分がチームに貢献していることが嬉しいのだ。野菜を切ってチームの誰かを喜ばせる。それが嬉しい。人は貢献することで「自分は人を喜ばせることができる、能力がある」「自分は人から必要とされている、居場所があり、自分には価値がある」と思えるようになる。

アドラー心理学ではそれを「勇気」がある状態と呼ぶ。

勇気があれば人は前進する。困難を克服しようと前に進むのだ。しかし「自分は貢献できない」「自分は必要とされていない、居場所がない」と思う、すなわち「勇気」がない状態では、前に進むのを恐れる。傷つくこと、失敗することを恐れて人の輪に入るのをやめ、チャレンジをやめてしまうのだ。

では、ＩｏＴ推進課長であるボクに何ができるのだろうか？　どうすれば部下を勇気づけることができるだろうか？

部下以上の高速スピードで野菜を切ることだろうか。部下が気づいていない炭火の消えかかりに気づいて、火おこしをすることだろうか。

いや違う。そんなことをすればするほど、部下は劣等感を感じるだろう。ボクが率先垂範すればするほど、部下は活躍の場がなくなってしまう。

そうか、わかったぞ。だからユウはわざと作業をしないんだ。課長自身は作業をせずに部下を信じて任せる。いや、部下を頼る、と言ってもいいかもしれない。あえて部下が活躍する余地を残す。課長が部下の仕事を奪わないようにしているんだ。そして、活躍した部下を勇気づける。感謝して、ありがとうと言う。

そうか！　これだ！　これが「任せる」ということか。これが課長の仕事なのか！　ボクはバーベキューでのユウの振る舞いに「任せる技術」、勇気づけの神髄を見た思いがした。

そして、さらに考えた。もしかしたら、スタイルは違うけれども、あのツヨシもきちんと課長としての振る舞いができているのではなかろうか。少なくともツヨシは自ら忙しく働くことで部下の仕事を奪ってはいない。悠然と大将のように振る舞いながら、作業はすべて部下を信じて任せている。そして気づいた。

ということは……。ボクだけではないか！　コマネズミのように忙しく働いて、部下の仕事を奪い、「自分は働いていますよ」アピールをしているのは！　ボクはそれに気づき、ますます自分が恥ずかしくなった。

さてと……。どうやらボクは課長として、部下との接し方を根本的に変えなくてはならないようだぞ。部下の仕事を取り上げず、作業せず、部下が活躍する余地を残す。部下を見守り、感謝を伝え勇気づけることに徹する。これができる、ということは、部下を信頼している、ということだ。

ユウやツヨシは部下を仲間であり、味方である、と信じている。作業なんかしなくてもユウやツヨシを認めてくれると信じている。部下を敵でも脅威でもなく、自分を受け容れてくれる味方だと信じている。それがなくてはできないことだ。それは、同時に自分を信じていることにもつながるだろう。

自分が怠け者ではなく、チームのことを心から思う「善人」であり、リーダーとして貢献している、と自己信頼をしている。だからこそ、あのように泰然自若でいられるんだ。


これこそ、まさにドラさんに教えていただいた「他者信頼」であり「自己信頼」だ。根拠なく相手を信じ、自分を信じる。ユウとツヨシはそれができているんだ。

部下に任せる、ということは、前提条件として「他者信頼」と「自己信頼」が必要だ。それに伴う「所属感」も必要だろう。これこそが、まさにアドラーが提唱した「共同体感覚」そのものだ。「任せる」ということは「共同体感覚」の実践そのものであり、「勇気づけ」の実践そのものであるわけだ。

「深いなぁ。このバーベキューでの気づき……」

ボクは自分の気づきの深さにうっとりと酔いしれていた。


と、ここまで考えたところで、突然ハッと気がついた。ボクはずいぶんと長い時間延々と考え込んでしまっていたようだ。ドラさん！　ごめんなさい！　話の途中でした！

ボクはドラさんのほうへ振り向いた。しかし、なんとドラさんはディレクターズチェアに腰掛けたまま、ウツラウツラと居眠りをしているではないか！　なんてことだ。いくらボクが考え事をしていたからって、話の途中で居眠りをするとは何事か！

しかし、もう一度考えた。待てよ。もしかしたら、ドラさんはボクを「他者信頼」し、敵ではなく味方だと考えてくれているのではなかろうか。さらに、自身を「自己信頼」していた。

だから、ボクの返事を待つこともなく、自由気ままにリラックスして、うたた寝をしてしまった。そう考えることはできまいか。

そうだったのか……。ただのレクリエーションだとばかり思っていたバーベキューの場面でも、ボクはユウやツヨシに模範を示してもらい、ドラさんのうたた寝に学ばせていただいた。

よぉし、ボクは教えを活かして、立派な課長になってみせるぞ。恩返しだ。

そして、ＩｏＴ推進課の仲間たちよ、すっかり待たせてしまってごめんね。ボクはキミたちの仕事を奪わず、信じて見守るよ。ボクが作業をして自分の体裁を繕ったりせず、頼って、甘えて、勇気づけをするよ。

ボクは居眠りしているドラさんをそっちのけで、部下たちが作業するテーブルへ向かって駆けだしていた。

「お待たせ！　みんな！　野菜を切ってくれてありがとう！　本当に助かるよ」

部下たちの表情がぱーっと明るく輝いた。

これだ！　これ！　ボクがすべきは、作業ではなく彼らを見守り感謝することだったんだ。ボクがこれから課長として何をしていくべきかが一気に見えた瞬間だった。

ボクは、ちらりとドラさんを盗み見た。すると、ドラさんがあわてて視線をそらすのが見えた。そして、ぺろりと舌を出した。もしかしたら、ドラさんのうたた寝は演技だったのかもしれない。

でも、そんなことはどうでもいい。ボクは、ドラさんの送別会でドラさんから「最後の教え」をもらったような気がしていた。

今度こそ最後のドラさんからの宿題だ。おそらく、ドラさんはこう言いたかったに違いない。

「相手を信じ、自分を信じて、頼る、甘える、任せる」

これがドラさんからの最後の宿題だ。ボクは、そう思った。ドラさんへの恩返し。それはプレゼントを渡すことでも、言葉を贈ることでもない。ボクが立派な課長になることだ。

よーし。やるぞ！　ボクは心の底からそう思った。

ボクの心を知ってか、知らずか、ドラさんは満面の笑みと共に、バーベキューの肉を口いっぱいに頬張っていた。

ユウを中心にメンバーの輪が広がり、温かな笑いがあふれていた。ツヨシの前にはお酌をする部下の長い列ができていた。そして、ボクの周りには新しいメンバーたちの初々しい笑顔があった。

春の冷たい風に吹かれて、ぶるんと身震い、いや武者震いをして、ボクは誓った。「アドラー心理学を活かして、ボクは必ずや立派な課長になります。ドラさん。どうか、福岡からボクを見守っていて下さい」と。

チチ、チと小鳥がさえずった。桜の花びらが一枚舞い落ちた。新しい一年が始まった。

［ドラさんの宿題］

相手を信じ、自分を信じて、頼る、甘える、任せる

共同体感覚と勇気づけの交差点。任せる

『任せる技術』（日本経済新聞出版社）、『自分でやった方が早い病』（星海社新書）という著作を持つ筆者は講演の際に受講者へ必ず質問をします。「『自分でやった方が早い』と一度でも思ったことがある人、手を挙げて」というものです。すると毎回百パーセントの確率で全員から手が挙がります。かように「任せる」のは難しいわけです。

任せられない上司は部下を信頼できず、自分を信頼できていません。任せることで失敗し、かつ自分が怠け者だと糾弾されるのではないか、と恐れるのです。逆に、任せられる上司とは、部下を信頼し、自分を信頼することができる上司です。バーベキューの場面でリョウ君はそれをドラさんから教えられ、早速チャレンジしているのです。

本章にある通り、「任せる」ことは勇気づけそのものであり、共同体感覚の発揮そのものです。二つの交差点に「任せる」があるわけです。アドラー心理学を学び実践することで、めきめきと実力をつけた主人公

のリョウ君は課長へと昇進し、これまでとはまったく違う役割を求められ、とまどいます。しかし、役割が違っていても、引き続きアドラー心理学の教えは大いに役に立つことに気づきます。そして、困難な道の第一歩を勇気を持って踏み出したのです。

さて、リョウ君は課長として引き続き活躍できるでしょうか。物語はいよいよエンディングへと向かっていきます。

エピローグ

ドラさん、チャレンジを続ける

ドラさんの退職から既に四年が経ったなんて信じられない。もう四年。いや、たった四年か。どっちでもいいや。今日は大切な残念会の日だ。ドラさんと共に、精一杯悔しい思いを味わおうではないか。

「惜敗《せきはい》！」

乾杯をもじって声がかかる。次々と参加者が杯を交わし、飲み干す。ボクたち夫婦にとって初めての訪問となる福岡の人たちはペースが速い。ビールだろうが、焼酎だろうが、日本酒だろうが基本すべて一気飲み。老いも若きも、男も女もグイッと杯を傾ける。

「ドラさん、残念やったたっちゃなぁ！　いやぁ、ほんのこつ惜しかったばい！」

口々に地元福岡の後援会員がドラさんを励ます。肩を叩く。抱く。握手する。ドラさんはまるで祝勝会であるかのように嬉しそうに満面の笑みを浮かべている。

会場の正面には片目が空いたままの大きなだるまが、あえて飾ってある。その隣に悠然と立つドラさんのもとへ、ミニスカートとパンプスを履いたボクのカミさんが駆け寄ってドラさんに飛びかかった。

「キャー！　ドラさぁん！　久しぶりですぅ。今回は残念でしたぁ。あと、ほぉんのちょっとで、福岡県知事だったのにぃ。悔しいぃ！　知事室に遊びに行きたかったわぁ」

片手に生後半年に満たない娘を抱いたまま、もう片方の手でドラさんの肩を抱いた。

我が社を退職したドラさんは、今は亡き御尊父の跡を継ぎ、あっという間に福岡の町工場を立て直した。古色蒼然とした中小企業にインターネットを導入。ＩｏＴの最先端技術を活かして初年度から黒字化を達成したのだ。

少しだけ種明かしをすると、ＩｏＴの導入に際しては我が社、いやボク自身が担当となり少なからずお手伝いをさせていただいた。その甲斐もあってドラさんの町工場は一躍、日本中、いや世界中から注目されるベンチャー企業へと生まれ変わったのだ。

同社はその後、三年連続増収増益を繰り返し、地元福岡のみならず、遠く東京でもその名をとどろかせ、ビジネス誌に大きく取り上げられた。

ドラさんは業績を軌道にのせるだけでなく、人材育成にも熱心に取り組んだ。それまで一介のエンジニアにすぎなかった妹婿をすぐに取締役へ引き上げ、翌年には社長に抜擢した。そして自らは会長に納まった。それは名ばかりのものではなかった。工場の経営は名実共に妹婿に任せ、自らはこれまでの経験を伝える講演活動で日本中を駆け巡るようになっていったのだ。

そんなスター街道まっしぐらのドラさんを福岡の経済界が放っておくわけがない。経団連、商工会議所、青年会議所がこぞってドラさんを担ぎあげ、福岡県知事に立候補させた。残念ながら県知事の座は、あと一歩というところで届かず、現職知事が再選を果たした。

けれど、そんなことはどうでもいい。ボクはドラさんの生き様に圧倒されたんだ。インターネット広告会社の課長から町工場の跡継ぎへ。そしてベンチャー企業の旗手となり、講演家へ転身。と思っているうちに、政界へ進出し、あわや県知事になる一歩手前まで躍進を続けたのだ。

「ボクだって負けていられない。ドラさんに恥ずかしい生き方はできない」

ボクは強くそう思った。

あれから、ボクは新設されたＩｏＴ推進課で、ドラさんの工場を含むプロジェクトを次々と立ち上げ、有名ベンチャーの陰の仕掛け人となった。その功績を認められ、一つの課が部に、そして一つの会社となり、ボクは社内ベンチャー企業の第一号社長として、経営を委ねられることとなったのだ。

わずか四年前にインターネット広告会社の課長であったドラさんと一介の平社員にすぎなかったボクたちが、気がつけば県知事候補とベンチャー企業経営者になったわけだ。我ながら驚くような変化だ。

その陰には間違いなくアドラー心理学がある。ドラさんもボクもアドラーに学んだことを経営や人生に活かすことにより、あっという間に人生が変わったのだ。

「フンギャー、フンギャー！」

ボクとリカにとって自分の命よりも大切な愛娘が泣き出した。おむつか、それともおっぱいか。ずっと彼女のいなかった弱虫のボクが、今はこうして娘と妻を抱え、家族のため、自分のため、そして日本のために毎日を活き活きと過ごせている。奇跡のようだ。

人は誰でも変わることができる。ボクはそれを一人でも多くの人に伝えたいと思う。自分を勇気づけ、次に他人を勇気づける。そして、共同体感覚を持ち、行動する。そうすれば誰だって幸せになることができる。アドラーの言うところの「有益な人」に生まれ変わることができるのだ。

「そんなら、ドラさんを胴上げせんね！」

地元の後援会長が叫ぶ。ドラさんはかつてと変わらないクリクリまなこを楽しそうにキョロキョロさせながら、胴上げされるのを待っている。

わっしょい！　わっしょい！　わっしょい！

ドラさんは経営者として、そして政治家として、世の中の人の役に立ち続けるだろう。ボクはベンチャー企業経営者としてボクのできる精一杯の貢献を続けるだろう。

わっしょい！　わっしょい！　わっしょい！

それぞれが、それぞれの道を行く。上下や優劣や勝敗なんてくそ食らえ、だ。

ボクは力一杯ドラさんを放り上げた。そして思った。

人生はとてもシンプルだ。そして……。素晴らしい！

リカの手の中で愛娘がキャッキャと笑っている。娘よ。この場面をよぉく目に焼きつけておいておくれ。ボクは、これからもキミに恥ずかしくない人生を歩んでいくよ。

アドラーからドラさんへ。ドラさんからボクへ。ボクから娘へ。そして、さらにその先へ……。連綿とバトンは渡されていくだろう。途中でバトンを落とすわけにはいかないぞ。ボクは汗をかきそうなほどの熱気に満ちた会場で一人、ブルブルッと武者震いをした。

あとがき

「何度も何度も個人心理学（アドラー心理学）は『共同体感覚』と『勇気』という標語を示さなければならない」（『子どもの教育』アルフレッド・アドラー著、アルテ）

アドラーによるこの言葉と「アドラーが提示した四類型」とが私の頭の中で一つに合わさったとき本書の構成ができあがりました。幸せに生きる唯一の道「有益な人」になる方法は、「勇気」により活動性を高め、「共同体感覚」を実践していくしかないのです。

本書の前半は「勇気」の章です。そして後半は「共同体感覚」に関する章。アドラーによるたった二つのシンプルなキーワードは、あたかも車の両輪のように、私たちを幸福な人生へと誘ってくれることでしょう。

「人生が複雑なのではない。あなたが人生を複雑にしているのだ」

アドラーの言葉通り、人生は、きわめてシンプルなのです。

アドラー心理学は子育てを中心とした対人関係に関する心理学です。その教えは、私たちの多くが関わる企業組織における対人関係にも大きな示唆を与えてくれるでしょう。

しかし、アドラーの教えをそのまま職場に当てはめてしまうと齟齬をきたします。利益を追求するゲゼルシャフト（機能共同体）である企業組織において、家族に代表されるゲマインシャフト（価値共同体）を念頭においたアドラーの教えをそのまま当てはめることはできないからです（アドラー心理学の中核概念「共同体感覚」はドイツ語でゲマインシャフツゲフュール〈Gemeinschaftsgefühl〉と言います）。

筆者は二十年以上にわたり、コンサルタント、研修講師としてクライアントの人材育成を支援し、同時にリクルートの管理職、ベンチャー企業の役員、社長として自社経営に携わってきました。また、それと並行してアドラー派の心理カウンセラーとしても悩み多きビジネスパーソンの心に寄り添ってきました。

これらの経験から、私の使命は「アドラー心理学をビジネスの現場へ応用する架け橋になること」だと考えています。そして、まさにその「架け橋」たらんと企図し、本書を執筆いたしました。皆様のお役に立てれるのであれば幸甚です。

最後に、本書の執筆に際して共同体感覚に満ちた大きな貢献をいただきました師に対して心からの御礼を述べることで、あとがきに代えさせていただきたく思います。

アドラー心理学の師である有限会社ヒューマン・ギルド代表取締役岩井俊憲先生の教えなくして本書は生まれ得ませんでした。

我が師の師、モントリオール個人心理学研究所所長のジョセフ・ペルグリーノ博士の茶目っ気たっぷりの振る舞いから人物造形に大きなヒントをいただきました。

そして、アドラー心理学を共に学ぶ同門の友たち、です。ありがとうございました。


アドラー派の心理カウンセラー、組織人事コンサルタント　小倉 広

参考文献

『人はなぜ神経症になるのか』アルフレッド・アドラー（春秋社）2001年
『アドラーのケース・セミナー』アルフレッド・アドラー（一光社）2004年
『生きる意味を求めて』アルフレッド・アドラー（アルテ）2007年
『人間知の心理学』アルフレッド・アドラー（アルテ）2008年
『教育困難な子どもたち』アルフレッド・アドラー（アルテ）2008年
『性格の心理学』アルフレッド・アドラー（アルテ）2009年
『人生の意味の心理学(上)(下)』アルフレッド・アドラー（アルテ）2010年
『個人心理学の技術Ⅰ・Ⅱ』アルフレッド・アドラー（アルテ）2011年、2012年
『個人心理学講義』アルフレッド・アドラー（アルテ）2012年
『子どもの教育』アルフレッド・アドラー（アルテ）2013年
『子どものライフスタイル』アルフレッド・アドラー（アルテ）2013年
『性格はいかに選択されるのか』アルフレッド・アドラー（アルテ）2013年
『アドラー心理学教科書』（ヒューマン・ギルド出版部）1986年

『アドラー心理学の基礎』R・ドライカース（一光社）1996年
『現代アドラー心理学（上）（下）』G・J・マナスター／R・J・コルシーニ（春秋社）1995年
『アドラー心理学入門』ロバート・W・ランディン（一光社）1998年
『アドラーの生涯』エドワード・ホフマン他（金子書房）2005年
『アドラー心理学　シンプルな幸福論』岸見一郎（KKベストセラーズ）2010年
『無意識の発見（下）』アンリ・エレンベルガー（弘文堂）1980年
『子どものやる気』R・ドライカース／ドン・ディンクマイヤー（創元社）1985年
『やる気を引き出す教師の技量』R・ドライカース／パール・キャッセル（一光社）1991年
『勇気づけて躾ける』R・ドライカース／ビッキ・ソルツ（一光社）1993年
『どうすれば幸福になれるか（上）（下）』W・B・ウルフ（一光社）1994年、1995年
『感情はコントロールできる』D・ディンクメイヤー／G・Dマッケイ（創元社）1996年
『人はどのように愛するのか』R・ドライカース（一光社）1996年
『ライフ・スタイル診断』バーナード・シャルマン／ハロルド・モサック（一光社）2000年
『アドラー心理学によるカウンセリング・マインドの育て方』岩井俊憲（コスモス・ライブラリー）2000年

『勇気づけの心理学』岩井俊憲（金子書房）２０１１年
『カウンセラーが教える「自分を勇気づける技術」』岩井俊憲（同文館出版）２０１３年
『アドラー心理学ワークブック』岩井俊憲（宝島社）２０１４年
『変革の時代の経営者・管理者のコミュニケーション』岩井俊憲（アルテ）２００９年
『嫌われる勇気』岸見一郎／古賀史健（ダイヤモンド社）２０１３年
『アルフレッド・アドラー 人生に革命が起きる１００の言葉』小倉広（ダイヤモンド社）２０１４年
『アドラーに学ぶ部下育成の心理学』小倉広（日経ＢＰ社）２０１５年
『アドラーに学ぶ職場コミュニケーションの心理学』小倉広（日経ＢＰ社）２０１６年
『幸せになる勇気』岸見一郎／古賀史健（ダイヤモンド社）２０１６年
『ロジャーズ選集（上）（下）』ハワード・カーシェンバウム編他（誠信書房）２００１年
『それでもなお、人を愛しなさい』ケント・Ｍ・キース（早川書房）２０１０年
『任せる技術』小倉広（日本経済新聞出版社）２０１１年
『自分でやった方が早い病』（星海社新書）２０１２年

小倉 広（おぐら・ひろし）

アドラー派の心理カウンセラー。組織人事コンサルタント。コーチングや交流分析などを学ぶうち、それらの源流にアドラー心理学があることを知り、岩井俊憲氏に師事。現在は「子育て中心の理論であるアドラー心理学をビジネスに活かすための架け橋となる」ことを使命に、数多くの企業にて講演、研修を行っている。著書に『アルフレッド・アドラー　人生に革命が起きる100の言葉』（ダイヤモンド社）、『アドラーに学ぶ部下育成の心理学』（日経BP社）、『任せる技術』（日本経済新聞出版社）など。著作累計100万部。

もしアドラーが上司だったら

2017年3月19日　第1刷発行

著者	小倉 広
発行者	長坂嘉昭
発行所	株式会社プレジデント社 〒102-8641 東京都千代田区平河町2-16-1 平河町森タワー13階 http://www.president.co.jp　http://str.president.co.jp/str/ ☎03-3237-3737（編集）　☎03-3237-3731（販売）
販売	高橋徹　川井田美景　森田巌　遠藤真知子　塩島廣貴　末吉秀樹
装丁・本文デザイン	轡田昭彦＋坪井朋子
イラスト	金井淳
編集	濱村眞哉
制作	小池哉　田原英明
印刷・製本	株式会社ダイヤモンド・グラフィック社

ISBN978-4-8334-5112-3
Printed in Japan